This book was given to me by Elaine [illegible], former Captain Israel Women's National Team on Sept 20th 2009

PERFECTIONNEZ VOTRE JEU DE LA CARTE PAS A PAS

To my friend Flora [illegible]
Enjoy et bonne [illegible]

[illegible]

Robert BERTHE
et
Norbert LÉBELY

PERFECTIONNEZ VOTRE JEU DE LA CARTE
PAS A PAS

LE SANS-ATOUT

Editions le Bridgeur

28, rue de Richelieu - 75001 PARIS
C.C .P. 12 624-90 C Paris

PRÉFACE

Parmi les experts français, Robert Berthe est celui qui a étudié le bridge de la façon la plus complète et la plus méthodique. Il est, sans doute aujourd'hui, l'auteur qui peut le mieux expliquer le déroulement d'un coup, car il sait à tout moment se mettre à la place de celui qui doit jouer.

Sa compétence et sa clarté lui ont permis de faire de cet ouvrage une précieuse source d'enseignement. Mais quel que soit le soin apporté à chaque analyse, ce travail risquait d'être imparfait sans la collaboration de Norbert Lébely.

Un petit livre qui, je l'espère, sera le premier d'une série que nous attendons tous.

José LE DENTU

AVANT-PROPOS

Notre dessein a été de mettre en œuvre une démarche originale dans le domaine de l'apprentissage du jeu de la carte. Aussi ne saurions-nous trop recommander de lire attentivement cet avant-propos.

La charpente de l'ouvrage, tout d'abord :

Il se compose de trois parties :

• La première, constituée d'une cinquantaine de donnes vous invite à partir à la découverte des différentes manœuvres applicables au jeu de la carte à Sans-Atout.

Nous tenons par-dessus tout à ce terme de "découverte" et dans cette perspective, nous avons fait appel à deux techniques complémentaires :

- Nous n'avons pas regroupé artificiellement par familles les donnes sélectionnées car vous devez vous accoutumer à chercher vous-même à quelle technique s'apparente la donne à laquelle vous êtes confronté ; dans le même ordre d'idées, c'est intentionnellement que nous n'avons pas placé d'étiquette en exergue à chaque exemple. Que reste-t-il à découvrir lorsque l'auteur a "annoncé la couleur" : "Attention cher lecteur, vous allez avoir affaire à un laisser-passer différé ou à un placement de main..." ?

  Les coups sont présentés tels quels, dans des conditions qui se rapprochent de celles que vous connaissez à la table.

  Bien entendu, il nous fallait tout de même classer les donnes : c'est pour un ordre croissant de difficulté que nous avons opté.

- D'autre part, tout déclarant doit absolument se poser un certain nombre de questions s'il veut échafauder un plan de jeu cohérent. Partant de cette idée fondamentale, nous avons choisi d'employer la technique du "Pas à Pas" qui vous habitue à raisonner par le procédé des questions-réponses, puis à opérer une synthèse des diverses déductions.

Chaque donne s'achève par la formulation du PRINCIPE à retenir.

- La deuxième partie constitue le carrefour de ce livre : vous y trouverez succinctement formulées les différentes techniques relatives au jeu à Sans-Atout et en face de chaque sujet figure l'indication des donnes ayant traité le problème.
- En guise de troisième partie, nous vous soumettons, sous forme d'exercices, une trentaine de donnes, elles aussi classées par ordre croissant de difficulté. Vous pourrez y tester l'étendue de vos connaissances et, nous l'espérons, de vos progrès.

Quelques mots du plan de jeu à Sans-Atout maintenant :

Vous pourrez remarquer qu'une même question revient en tête de chacune des donnes présentées : "Combien de levées certaines dénombrez-vous ?".

C'est là, en effet, que réside la phase initiale du plan de jeu.

A ce sujet nous appelons particulièrement votre attention sur le fait qu'il ne faut pas prendre en compte immédiatement les levées potentielles, sinon avec :

♠ 4 3 2	♠ R D
♥ 9 8	♥ R D V 10
♦ 10 6 3 2	♦ R D V
♣ 7 6 5 4	♣ R D V 10

vous pourriez "tabler" alors qu'il y a 4 As à déloger !

L'affranchissement des levées manquantes auquel vous procèderez tiendra compte de nombreux facteurs tels que :

- le nombre de fois que vous devez donner la main,
- l'existence d'un adversaire dangereux,
- le nombre de rentrées à votre disposition,
- le blocage des couleurs, etc.

Une dernière précision importante : nous n'attendons pas de vous que soit réalisé un maximum de plis comme il est d'usage en tournoi par paires, mais nous vous demandons d'assurer vos contrats autant que faire se peut (technique du match par 4 ou de la partie libre).

Vous instruire tout en vous divertissant, c'est là notre souhait.

Espérons que vous ne serez pas déçu.

R. BERTHE - N. LÉBELY

1ère PARTIE

DONNE N° 1

♠ 8 7 4 3
♥ 4 3
♦ A D 5
♣ R 10 8 7

	N	
O		E
	S	

♠ A R 6
♥ A 10 8
♦ R 9 3
♣ D V 9 6

Vulnérables : tous.

Donneur : Sud.

S	O	N	E
1 SA	-	2 ♣	-
2 ♦	-	3 SA...	

Entame : 5 de Cœur

Vos levées gagnantes ?

- 2 à Pique
- 1 à Cœur
- 3 à Carreau

6 plis.

Où pouvez-vous affranchir les 3 plis manquants ?

A Trèfle, en délogeant l'As.

A l'occasion de chacune donne jouée à Sans-Atout, vous êtes confronté à un problème. Lequel ?

Vous devez vous demander s'il faut prendre immédiatement l'entame ou bien la laisser passer (esquicher) un certain nombre de fois.

Pourquoi cette technique est-elle importante ?

Elle conditionnera la réussite de nombreux contrats, car, en laissant passer à bon escient la couleur d'entame, vous couperez les communications entre les mains adverses.

Passez en revue les différentes répartitions de la couleur d'entame :

A Cœur, il manque 8 cartes. (Rappelons à ce propos que le nombre de cartes détenues par les adversaires doit sans cesse vous préoccuper car, au bridge, il est primordial de toujours raisonner en termes de répartitions) :

a) Si les Cœurs sont 4-4, Est-Ouest ne réaliseront en tout état de cause que 4 plis : l'As de Trèfle + 3 Cœurs et le contrat ne sera pas mis en échec. Certes, le laisser-passer n'aura rien rapporté, mais il n'aura rien coûté.

b) Si les Cœurs sont 5-3 (la longueur 5ème étant, par hypothèse, en Ouest) et que vous preniez soin de laisser passer cette couleur 2 fois, Est, maître à l'As de Trèfle, sera incapable de rendre la main à son partenaire. Grâce au double laisser-passer, la communication entre les 2 mains se sera évanouie.

N.B. - Précisons que si l'As de Trèfle se trouve en Ouest, le contrat est ingagnable.

	♠ 8 7 4 3 ♥ 4 3 ♦ A D 5 ♣ R 10 8 7	
♠ D 5 2 ♥ R V 7 5 2 ♦ 10 8 2 ♣ 5 3	N O E S	♠ V 10 9 ♥ D 9 6 ♦ V 7 6 4 ♣ A 4 2
	♠ A R 6 ♥ A 10 8 ♦ R 9 3 ♣ D V 9 6	

PRINCIPE : A Sans-Atout, la technique du laisser-passer est fondamentale, car si l'un des adversaires possède une longue affranchie, il est essentiel que son partenaire ne puisse lui redonner la main.

A ce propos, nous conseillons l'emploi de la Règle de 7 : **lorsque vous ne possédez qu'un seul arrêt dans la couleur d'entame et que vous envisagez de n'abandonner la main qu'une fois**, comptez le nombre de cartes que vous y détenez entre vos deux mains, puis soustrayez ce total de 7, vous saurez instantanément combien de fois esquicher ; ainsi, dans l'exemple traité, nous possédions :

2 Cœurs (au mort) + 3 (en main) = 5

7 - 5 = 2, la règle de 7 nous confirme qu'il fallait laisser passer 2 fois.

DONNE N° 2

♠ R 3
♥ D 5 2
♦ R V 9 8 7
♣ 6 5 4
N / O E / S
♠ A 6 4
♥ A V
♦ 10 5 3
♣ A R D V 10

Vulnérables : tous.

Donneur : Sud.

S	O	N	E
1 ♣	-	1 ♦	-
2 SA	-	3 SA...	

Entame : 5 de Pique.

Combien de gagnantes sûres dénombrez-vous ?

- 2 à Pique
- 1 à Cœur
- 5 à Trèfle

8 levées.

Où établirez-vous le pli manquant ?

A Carreau, à condition que l'As ou la Dame soient favorablement placés et que vous deviniez quel Honneur du mort il faut passer au premier tour.

N'existe-t-il pas une possibilité d'affranchir un pli ailleurs ? Laquelle ?

Si, à Cœur, avec le Roi placé en Est.

Pouvez-vous tout de même gagner avec ce gros Honneur en Ouest ?

Bien sûr, il suffit de jouer As et Valet sans se préoccuper de la place du Roi ; vous établissez ainsi à coup sûr le pli qui manque grâce à la Dame troisième du mort.

Laissez-vous passer le premier tour de Pique ?

Non, car il faut préserver à tout prix la rentrée du Roi de Pique pour aller encaisser la Dame de Cœur affranchie. Vous possédez un second arrêt à Pique alors que vous ne rendrez la main qu'une fois à l'adversaire. Si vous laissez passer l'entame, la défense rejouera

Pique. Votre seule communication certaine avec le mort aura prématurément disparu et vous devrez avoir recours à l'impasse au Roi de Cœur, alors que la manœuvre préconisée la rend inutile.

Prenez donc immédiatement de l'As de Pique et jouez l'As de Cœur suivi du Valet.

Vous assurez ainsi la réussite du contrat à 100 %.

	♠ R 3 ♥ D 5 2 ♦ R V 9 8 7 ♣ 6 5 4	
♠ 10 8 7 5 2 ♥ R 7 6 4 ♦ A 2 ♣ 9 8	N O E S	♠ D V 9 ♥ 10 9 8 3 ♦ D 6 4 ♣ 7 3 2
	♠ A 6 4 ♥ A V ♦ 10 5 3 ♣ A R D V 10	

PRINCIPE : Comptez toujours les plis certains et demandez-vous combien vous devez en affranchir.

Ne vous précipitez pas systématiquement sur la couleur la plus longue car, il existe peut-être une ligne de jeu gagnante contre toute distribution et toute défense.

Etudiez aussi de très près le problème des rentrées. Un manque de réflexion à la première levée coûte fréquemment cher par la suite.

DONNE N° 3

♠ 7 5 2
♥ 8 5 4
♦ 3 2
♣ R 7 6 5 3

	N	
O		E
	S	

♠ R 8 3
♥ A V 6
♦ A 9 7 4
♣ A 4 2

Vulnérables : tous.

Donneur : Est.

S	O	N	E
			-
1 SA...			

Entame : 6 de Pique.
(Est fournira le Valet de Pique)

De combien de levées sûres dispose-t-on ?

- 1 pli à Pique (après l'entame)
- 1 à Cœur
- 1 à Carreau
- 2 à Trèfle

5 plis assurés.

Vous prenez le Valet de Pique du Roi, **où établirez-vous les deux levées manquantes ? A quelle condition ?**

A Trèfle, bien entendu, sous réserve que le résidu soit 3-2.

A quel problème êtes-vous confronté ?

En dehors du Roi de Trèfle, vous ne possédez aucune rentrée au mort.

Si vous jouez As, Roi et petit Trèfle, vous affranchirez certes deux plis, mais ne serez pas en mesure d'en bénéficier.

Quelle technique devez-vous appliquer ?

Le coup à blanc qui consiste présentement à fournir un petit Trèfle des deux mains (au premier ou au deuxième tour de la couleur).

En procédant ainsi, vous avez préservé vos communications avec la longue affranchissable sans dommage, puisqu'en tout état de cause vous étiez contraint d'y abandonner un pli.

	Nord	
	♠ 7 5 2 ♥ 8 5 4 ♦ 3 2 ♣ R 7 6 5 3	
Ouest ♠ A D 10 6 4 ♥ R 9 3 ♦ 10 8 5 ♣ D 10	N O E S	**Est** ♠ V 9 ♥ D 10 7 2 ♦ R D V 6 ♣ V 9 8
	♠ R 8 3 ♥ A V 6 ♦ A 9 7 4 ♣ A 4 2	

PRINCIPE : Le coup à blanc est d'un usage fréquent. S'il est indispensable pour pallier le manque de rentrées, il peut également être employé pour vérifier le partage d'une couleur sans en perdre le contrôle. Ainsi, avec une teneur telle que R x x / A x x x, il est hors de question d'affranchir immédiatement deux plis à la défense. Peut-être le résidu est-il 3-3 ? Un coup à blanc initial permettra de s'en assurer.

DONNE N° 4

♠ R D 3 2
♥ R 3
♦ A R 9 8 2
♣ 8 6

N
O E
S

♠ A 4
♥ A 7 5 4 2
♦ 5
♣ D V 10 9 2

Vulnérables : tous.

Donneur : Nord.

S	O	N	E
		1 ♦	-
1 ♥	-	1 ♠	-
2 ♣*	-	2 ♦	-
3 SA...			

* quatrième couleur

Entame : Valet de Pique.

Comptez vos plis avant d'appeler la première carte du mort.

- 3 à Pique
- 2 à Cœur
- 2 à Carreau

7 levées : il s'agit d'en affranchir 2.

Quelle couleur choisissez-vous d'établir ?

La couleur d'entame n'étant pas menaçante, vous avez le choix entre les Cœurs et les Trèfles. Vous optez naturellement pour les Trèfles, car, pour répondre à vos besoins, le partage des Cœurs devra impérativement être 3-3 (répartition n'existant que dans 36 % des cas).

Combien de rentrées en main sont-elles requises ?

Il est prévisible que l'adversaire ne prendra pas le premier tour de Trèfle ; par la suite, il faudra deux rentrées : une pour faire sauter le deuxième gros Honneur (As ou Roi) des défenseurs, puis une seconde permettant d'accéder à la couleur affranchie.

Quelles sont ces deux rentrées ?

L'As de Cœur, mais aussi l'As de Pique.

Quelle carte du mort fournissez-vous donc sur l'entame du Valet de Pique ?

Quand on possède une couleur telle que R D x x / A x, il est d'usage de commencer par l'As puis de rejouer vers les deux gros Honneurs Roi-Dame, dans le but d'éviter tout blocage.

Toutefois, vous avez certainement compris que, dans le cas présent, vous ne redoutez aucun problème de blocage à Pique et qu'il faut à tout prix préserver la rentrée de l'As. C'est à cette seule condition que sera mené à bonne fin l'affranchissement des Trèfles.

Sur l'entame, vous fournissez précautionneusement le Roi de Pique. De la sorte, lorsque l'adversaire rejouera Pique, vous serez dans la bonne main pour continuer Trèfle.

Vous réaliserez ainsi 10 plis.

	♠ R D 3 2 ♥ R 3 ♦ A R 9 8 2 ♣ 8 6	
♠ V 10 9 8 ♥ D 10 9 6 ♦ V 6 ♣ A 7 3	N O E S	♠ 7 6 5 ♥ V 8 ♦ D 10 7 4 3 ♣ R 5 4
	♠ A 4 ♥ A 7 5 4 2 ♦ 5 ♣ D V 10 9 2	

PRINCIPE : Que vous jouiez à Sans-Atout ou à la couleur, il faut préserver avec un maximum de précautions les rentrées vers la couleur longue à affranchir.

Il arrive fréquemment que vous possédiez :

♣ R x Si l'adversaire entame Trèfle, prenez de l'Honneur qui ne
♣ A x jouera ensuite aucun rôle comme carte communicante.

Entraînez-vous à employer vos rentrées à bon escient.

DONNE N° 5

♠ A 8 2
♥ R 9 3
♦ V 4
♣ V 10 7 6 5

N
O E
S

♠ R 4 3
♥ A 7 5
♦ A 10 3
♣ R D 9 4

Vulnérables : tous.

Donneur : Nord.

S	O	N	E
		-	-
1 SA	-	3 SA...	

Entame : 6 de Carreau.

Quel est le nombre de levées certaines ?

- 2 à Pique
- 2 à Cœur
- 1 à Carreau

5 plis assurés.

Où les plis manquants seront-ils établis ?

A Trèfle, bien entendu ; il suffit de déloger l'As.

Quelle carte du mort fournissez-vous sur l'entame ?

Vous n'avez rien à gagner à appeler le Valet car, si Ouest a entamé sous la séquence Roi-Dame, le 10 va remporter la première levée.

Par contre, en appelant le 4 du mort, **de quel avantage bénéficiez-vous en tout état de cause ?**

1er cas : Est fournit petit Carreau, le 10 gagne le pli.

2ème cas : Est produit un gros Honneur - Roi ou Dame ; en le prenant de l'As, vous vous serez créé un second arrêt dans la couleur menaçante de l'adversaire.

Pour quelle raison précise êtes-vous certain d'arriver à vos fins ?

Vous avez, en effet, besoin de n'abandonner la main qu'une fois.

Le problème se poserait dans des termes tout à fait différents au cas où la main devrait être lâchée à deux reprises.

Nord
♠ A 8 2
♥ R 9 3
♦ V 4
♣ V 10 7 6 5

Ouest
♠ D 9 7
♥ V 6 4 2
♦ R 9 8 6 5
♣ A

Est
♠ V 10 6 5
♥ D 10 8
♦ D 7 2
♣ 8 3 2

Sud
♠ R 4 3
♥ A 7 5
♦ A 10 3
♣ R D 9 4

PRINCIPE : Il serait extrêmement préjudiciable de laisser passer un Roi ou une Dame quand sont détenus :

Nord : V x x / 10 x / x x

Sud : A 10 / A V x / A V 10...

et que vous envisagez de ne perdre la main qu'une fois.

DONNE N° 6

♠ R 5 4
♥ A 7 6 2
♦ 7 4 3
♣ A 8 4
N / O E / S
♠ A 6 3
♥ D V 5 4
♦ A R 8
♣ R 7 2

Vulnérable : personne.
Donneur : Ouest.

S	O	N	E
	-	-	-
1 SA	-	3 SA*...	

* Si vous ne disposez pas d'un système d'enchères élaboré permettant de connaître plus précisément la distribution de la main de l'ouvreur (Stayman à ressort), il ne faut pas utiliser le Stayman avec une main 4-3-3-3, sous peine de parvenir à un contrat de 10 levées avec un ouvreur lui-même 4-3-3-3.

Entame : Dame de Pique.

Le mort s'étale et vous vous félicitez que votre partenaire ait opté pour la manche à Sans-Atout ; en effet, au contrat de 4 Cœurs, en dépit du fit de 8 cartes, vous comptez 4 perdantes : 1 par couleur.

De combien de plis certains disposez-vous ?

- 2 à Pique
- 1 à Cœur
- 2 à Carreau
- 2 à Trèfle

7 levées, il importe d'en établir 2.

Quelle couleur vous les fournira-t-elle ?

Les Cœurs constituent la seule couleur exploitable.

Comment la manierez-vous ?

• Si elle est répartie 3-2 (68 % des cas), vous n'avez pas à vous préoccuper de la place du Roi et, par conséquent, vous réussirez aisément votre contrat.

• Toutefois, vous avez compris que nous nous efforçons d'accroître votre sens de la prévoyance et vous devez songer au partage 4-1 (fréquence non négligeable : 28 % des cas).

Quel maniement des Cœurs faut-il donc choisir ?

Si le Roi 4ème se situe en Ouest, vous chuterez inéluctablement.

Par contre, s'il est en 4ème en Est, il suffit de jouer deux fois petit Cœur du mort vers Dame Valet de la main.

Vous pouvez aussi bénéficier d'une petite chance additionnelle. Laquelle ?

Prémunissez-vous sans danger contre le Roi sec en Ouest en tirant l'As de Cœur au premier tour de la couleur, le mort n'étant pas démuni de rentrées.

Laissez-vous passer l'entame ?

Cette manœuvre n'est pas utile : vous possédez deux arrêts à Pique et envisagez de ne perdre ultérieurement qu'une fois la main, au Roi de Cœur.

Par conséquent :

- As de Pique de la main, 4 de Cœur pour l'As du mort (le Roi n'apparaît pas) ;
- Petit Cœur vers la Dame qui tient (Ouest défausse) ;
- 2 de Trèfle pour l'As ;
- 6 de Cœur vers le Valet : Est ne peut vous interdire de réaliser un total de trois levées à Cœur et de gagner la manche.

	♠ R 5 4 ♥ A 7 6 2 ♦ 7 4 3 ♣ A 8 4	
♠ D V 10 8 ♥ 3 ♦ V 9 5 2 ♣ D 6 5 3	N O E S	♠ 9 7 2 ♥ R 10 9 8 ♦ D 10 6 ♣ V 10 9
	♠ A 6 3 ♥ D V 5 4 ♦ A R 8 ♣ R 7 2	

PRINCIPE : Ne vous précipitez pas aveuglément sur une impasse qui, non seulement ne rapportera rien, mais risque au contraire de coûter une levée.

Ainsi, avec :

D V x A x x x	D V x x A x x

Jouez deux fois petit vers les honneurs du mort.

DONNE N° 7

♠ D 4 3
♥ R 8
♦ D V 9 8 7
♣ D V 2

	N	
O		E
	S	

♠ A 6 2
♥ A 3
♦ 10 5 4
♣ A R 10 7 3

Vulnérables : Nord-Sud.

Donneur : Est.

S	O	N	E
			-
1 SA*	-	3 SA...	

* La main vaut 16 points grâce à la mineure 5ème commandée par deux gros Honneurs.

Entame : Dame de Cœur.

Combien de gagnantes immédiates comptez-vous ?

- 1 à Pique
- 2 à Cœur
- 5 à Trèfle

8 levées, il en manque une.

Dans quelle couleur avez-vous l'intention de la trouver ?

Il est très tentant de songer aux Carreaux, car il suffit de déloger l'As et le Roi pour affranchir trois levées.

Cependant, cette ligne de jeu est vouée à l'échec. Pour quelle raison ?

Les adversaires ont entamé dans une couleur où vous ne détenez que deux arrêts : l'As et le Roi, ils y possèdent neuf cartes et, sauf le cas bien improbable de la couleur partagée 7-2 (avec As et Roi de Carreau en Est), ils communiqueront sans problème. Si vous entreprenez l'affranchissement de votre longue, vous devrez abandonner deux fois la main, alors que vous ne détenez plus qu'un arrêt à Cœur. En clair, les adversaires s'adjureront As et Roi de Carreau + 3 ou 4 levées de Cœur, car l'entame leur a conféré un avantage indéniable dans la course à l'affranchissement.

N'existe-t-il pas un espoir de gain ? Lequel ?

Si, il faut espérer le Roi de Pique bien placé. (Nous ne vous ferons pas l'injure de vous demander de quel côté il doit se situer, car chacun sait que la manœuvre consistant à partir de la Dame est vouée à l'échec.)

Jouez donc ce coup en conformité avec cette analyse ;

Prenez l'entame de l'As de Cœur et jouez immédiatement le 2 de Pique vers la Dame ; Ouest plonge du Roi et continue du 4 de Cœur. Encaissez promptement vos sept autres plis :

Dame et As de Pique et les cinq Trèfles.

Ce coup n'a été joué qu'à 1 chance sur 2 (Roi de Pique favorablement placé), mais, de toute façon, il n'existe pas d'autre solution gagnante.

	♠ D 4 3 ♥ R 8 ♦ D V 9 8 7 ♣ D V 2	
♠ R 10 8 ♥ D V 9 7 4 ♦ R 6 2 ♣ 9 5	N O E S	♠ V 9 7 5 ♥ 10 6 5 2 ♦ A 3 ♣ 8 6 4
	♠ A 6 2 ♥ A 3 ♦ 10 5 4 ♣ A R 10 7 3	

PRINCIPE : Comptez toujours avec soin le nombre de levées dont vous avez besoin.

Ne vous précipitez pas tel un automate sur une belle couleur affranchissable.

Prenez en considération le FACTEUR TEMPS :

Vos arrêts dans la couleur d'entame sont-ils assez nombreux pour que vous puissiez vous permettre de lâcher la main un certain nombre de fois ?

Dans tous les cas, une sérieuse réflexion préliminaire est indispensable.

DONNE N° 8

♠ 10 9 5
♥ A 8 7 4 3
♦ 9 5
♣ D 10 9

	N	
O		E
	S	

♠ A 8 4
♥ 5 2
♦ R D V 10 6
♣ A R V

Vulnérables : Est-Ouest.

Donneur : Nord.

S	O	N	E
		-	-
1 ♦*	-	1 ♥	-
2 SA*	-	3 ♣**	-
3 SA...			

* La main de Sud (18 H - belle mineure 5ème) est trop belle pour être ouverte d'1 SA.

** Demande en priorité de déclarer Cœur avec un fit de trois cartes.

Entame : 6 de Pique.

Quel est le nombre des levées immédiates ?

- 1 à Pique
- 1 à Cœur
- 3 à Trèfle

5 plis certains, et vous affranchirez quatre Carreaux en faisant sauter l'As.

(A la première levée, Est fournit le Valet de Pique.)

Laissez-vous passer la couleur d'entame et, si oui, combien de fois ?

Nous ne doutons pas que vous ayez conservé à l'esprit la Règle de 7.

Quel tour de Pique prenez-vous ?

Vous possédez 3 + 3 = 6 cartes à Pique : 7 - 6 = 1 ; ne laissez donc passer qu'une fois, prenez au deuxième tour.

Que va-t-il, en effet, se passer si vous refusez Pique une seconde fois ?

Ouest, s'il ne possède pas de rentrée ou bien si les Piques sont 4-3, contre-attaquera Cœur, couleur arrêtée une seule fois. (Songez aussi que les enchères ont appris aux défenseurs que vous n'y détenez que deux cartes).

Après l'As de Pique, vous affranchissez les Carreaux en espérant que l'As ne se situe pas du côté des Piques affranchis.

Si la couleur d'entame est 4-3, vous ne donnerez que trois Piques en sus de l'As de Carreau. Est le joue au deuxième tour de la couleur et ressort à Cœur, le contrat est gagné grâce à 1 Pique, 1 Cœur, 4 Carreaux et 3 Trèfles.

	♠ 10 9 5 ♥ A 8 7 4 3 ♦ 9 5 ♣ D 10 9	
♠ R D 7 6 3 ♥ D V 10 ♦ 7 4 ♣ 8 7 2	N O E S	♠ V 2 ♥ R 9 6 ♦ A 8 3 2 ♣ 6 5 4 3
	♠ A 8 4 ♥ 5 2 ♦ R D V 10 6 ♣ A R V	

PRINCIPE : N'abusez pas du laisser-passer et appliquez systématiquement la Règle de 7, vous lutterez ainsi avec efficacité contre un switch de la défense (contre-attaque dans une autre couleur).

DONNE N° 9

♠ 9 3 2
♥ 8 5 3
♦ R V 5
♣ A D 8 4
N / O E / S
♠ R V 5
♥ A D
♦ D 8 7 2
♣ R V 10 2

Vulnérables : Est-Ouest.

Donneur : Sud.

S	O	N	E
1 SA	-	3 SA...	

Entame : Valet de Cœur.

Les gagnantes immédiates ?

- 2 à Cœur (le Valet est couvert du Roi, vous prenez de l'As et conservez un arrêt dans la couleur)
- 4 à Trèfle

6 plis, trouvez trois levées supplémentaires.

Dans quelle couleur ?

A Carreau naturellement. Dans l'éventualité d'une répartition 3-3, vous ferez sauter l'As et réaliserez trois plis dans la couleur.

Si elle est partagée 4-2 (cas le plus probable : 48 % des chances), quelle précaution devez-vous prendre ?

Jouer deux fois petit vers les Honneurs Roi-Valet du mort.

Pourquoi ?

Imaginez que l'As soit second en Ouest. Grâce à cette manœuvre, vous réaliserez trois plis, alors qu'en rejouant Carreau du mort, vous aurez sacrifié inutilement l'un de vos Honneurs.

Donc, au deuxième pli, 2 de Carreau vers le Valet.

Et ensuite ?

4 de Trèfle pour le Valet puis 7 de Carreau vers le Roi : Ouest fournit l'As. Votre objectif est atteint.

	♠ 9 3 2 ♥ 8 5 3 ♦ R V 5 ♣ A D 8 4	
♠ A D 8 ♥ V 10 9 7 2 ♦ A 4 ♣ 9 5 3	N O E S	♠ 10 7 6 4 ♥ R 6 4 ♦ 10 9 6 3 ♣ 7 6
	♠ R V 5 ♥ A D ♦ D 8 7 2 ♣ R V 10 2	

PRINCIPE : Vous rencontrez très souvent des combinaisons d'honneurs telles que ;

D V x x

R x x

Appliquez ce principe de jouer vers les deux Honneurs si vous disposez d'un nombre suffisant de rentrées.

DONNE N° 10

♠ A D 5 4
♥ 6 3
♦ R D V 6
♣ 5 4 2

N
O E
S

♠ R 6 2
♥ A R D 10
♦ A 5 3
♣ A V 10

Vulnérables : Est-Ouest.

Donneur : Est.

S	O	N	E
			-
2 SA	-	3 ♣*	-
3 ♥*	-	6 SA...	

* Stayman

Entame : 10 de Carreau.

Quel est le nombre de vos levées certaines ?

- 3 à Pique
- 3 à Cœur
- 4 à Carreau
- 1 à Trèfle

11 plis assurés ; 1 levée supplémentaire assurera la réussite du contrat.

Passez en revue les diverses perspectives offertes ; le pli manquant sera établi :

a) à Pique, dans le cas d'un partage 3-3 ;

b) à Cœur, en tentant l'impasse au Valet plutôt que de l'espérer second ou troisième ;

c) à Trèfle, si les deux gros Honneurs manquants (Roi et Dame) sont séparés entre les mains adverses (ou situés en Est) : il suffit de jouer petit du mort vers le 10, puis de retourner au mort pour renouveler l'impasse au deuxième Honneur.

Quelles sont les chances de gain respectives de ces trois manœuvres ?

a) La répartition 3-3 d'une couleur existe dans 36 % des cas.

b) La réussite d'une impasse est effective dans 50 % des cas.

c) Une double impasse n'échoue que dans un cas sur quatre : si les deux Honneurs manquants sont mal placés. Son pourcentage de réussite s'évalue donc à 75 %.

Sauf contre-indication formelle (renseignements obtenus grâce aux enchères), optez pour la ligne de jeu offrant le maximum de chances.

Par conséquent, prenez l'entame au mort et jouez le 2 de Trèfle pour le 10 ; Ouest remporte le pli de la Dame et continue du 9 de Carreau que vous laissez filer vers l'As.

Comment continuez-vous ? Ne pouvez-vous tenter d'améliorer encore les 75 % de chances initiales ? De quelle manière ?

Il est, à ce stade, possible de se ménager sans risque des chances supplémentaires de gain :

- à Pique, vous testerez le partage du résidu adverse ;
- à Cœur, vous ne tenterez pas l'impasse, mais vous tirerez As, Roi et Dame en tête : si le Valet tombe, vous n'avez pas besoin de renouveler l'impasse Trèfle.

Si les Piques sont 4-2 et que le Valet de Cœur n'apparaît pas, vous reprendrez l'affranchissement des Trèfles.

Récapitulons les diverses phases de ce coup :

- au tout début : impasse à Trèfle pour la Dame d'Ouest ;
- As, Roi, Dame de Cœur, défausse d'un Trèfle du mort (le Valet de Cœur était quatrième) ;
- Roi de Pique, puis As et Dame de Pique afin de vérifier la répartition (Ouest défausse au troisième tour) ;
- trois tours de Carreau (défausse du 10 de Cœur en Sud) ;
- petit Trèfle vers As, Valet de la main. Est fourni le Roi qu'il a dû sécher car vous l'avez squeezé ! (Il ne pouvait, en effet, se séparer de son 10 de Pique sous peine d'affranchir le 5 du mort).

	♠ A D 5 4 ♥ 6 3 ♦ R D V 6 ♣ 5 4 2	
♠ V 9 ♥ V 8 5 2 ♦ 10 9 8 7 ♣ D 9 3	N O E S	♠ 10 8 7 3 ♥ 9 7 4 ♦ 4 2 ♣ R 8 7 6
	♠ R 6 2 ♥ A R D 10 ♦ A 5 3 ♣ A V 10	

PRINCIPE : Prenez l'habitude, juste après l'entame, d'évaluer les différentes chances de gain avant de vous décider pour une ligne de jeu : il suffit, dans la plupart des cas, de connaître quelques pourcentages simples tels que ceux évoqués à l'occasion de cette donne.

DONNE N° 11

♠ 10 9 8
♥ 10 9 4
♦ A R V 5
♣ V 10 2
N / O E / S
♠ R D V 5
♥ R D V
♦ 9 4 2
♣ R D 6

Vulnérables : Est-Ouest.

Donneur : Est.

S	O	N	E
			-
1 SA	-	3 SA...	

Entame : 7 de Carreau (4ème meilleure).

Quel est le nombre de vos plis certains ?

En dépit des 26 PH, le nombre de vos plis n'est guère élevé. Vous ne "contemplez" pour le moment que deux levées sûres à Carreau. (A ce propos, nous rappelons ce principe essentiel : ne comptez pas comme acquises les levées encore potentielles.)

Où trouver les sept levées manquantes ?

Dans les trois autres couleurs en délogeant les As des défenseurs.

Si la longue à Carreau se situe en Ouest (comme l'entame le laisse supposer), le contrat ne semble pas en péril. (En effet, vous possédez dans cette couleur sept cartes par As, Roi, Valet ; de surcroît, la Dame est probablement bien placée.)

Vous venez, à juste titre, de vous livrer à cette réflexion préliminaire.

Et maintenant, quelle carte du mort passez-vous à la première levée : un gros Honneur, le Valet ou le 5 ?

Avant que vous ne preniez votre décision, il est opportun que nous réfléchissions ensemble aux déductions inhérentes à l'entame d'une 4ème meilleure.

A l'origine, cette convention d'entame a été mise au point pour venir en aide aux défenseurs. Toutefois, le déclarant peut, lui aussi, en recueillir des enseignements utiles.

Voyons-la de plus près : on prend en considération la carte d'entame, on la soustrait de 11 et on sait instantanément combien les trois autres mains possèdent de cartes supérieures.

Déduisez donc 7 de 11. Vous obtenez le nombre 4. Or, vous détenez l'As, le Roi, le Valet et le 9 comme cartes de rang supérieur à ce 7 de Carreau.

Quelle inférence tirez-vous de ce calcul fort simple ?

Est ne possède aucun Carreau de rang plus élevé que ce 7. Par conséquent, ce n'est pas un Honneur du mort qu'il faut sélectionner à la première levée, mais tout simplement le 5. Effectivement, Est fournit le 6 et vous remportez le pli avec le 9. Ultérieurement, vous prendrez la Dame de Carreau d'Ouest en impasse et les Carreaux rapporteront quatre levées.

De la sorte, vous concéderez en toute quiétude les trois As adverses car vous gardez encore trois fois la couleur d'entame. Grâce à l'interprétation correcte de la 4ème meilleure, vous réaliserez ce contrat avec une levée de mieux.

	♠ 10 9 8 ♥ 10 9 4 ♦ A R V 5 ♣ V 10 2	
Ouest ♠ A 2 ♥ A 6 5 ♦ D 10 8 7 3 ♣ A 9 4	N O E S	**Est** ♠ 7 6 4 3 ♥ 8 7 3 2 ♦ 6 ♣ 8 7 5 3
	♠ R D V 5 ♥ R D V ♦ 9 4 2 ♣ R D 6	

N.B. - Il est aisé de constater que contre une bonne défense qui ne permettra pas de voler une levée à Cœur ou à Trèfle, vous chuterez irrémédiablement votre contrat en appelant un Honneur Carreau à la première levée. En effet, vous devrez passer par les trois As d'Ouest et, entre temps, ce dernier se sera affranchi deux plis de longueur à Carreau.

Une levée de chute sanctionnera cette imprévoyance.

PRINCIPE : Ne négligez pas les informations primordiales que fournit l'entame d'une 4ème meilleure ; dans ce dessein, ayez systématiquement recours à la Règle de 11.

Toutefois, sachez que la carte d'entame apportera des renseignements différents selon sa hauteur :

- une haute carte (du 6 au 8) éclairera sur l'emplacement des Honneurs dans la couleur, témoin la donne traitée ci-dessus ;
- une basse carte (un 2, un 3 ou un 4, les cartes inférieures étant visibles dans les deux derniers cas) donnera par contre une indication de répartition, car elle proviendra d'une couleur seulement 4ème.

DONNE N° 12

A	B
♠ R 8 ♥ 8 7 2 ♦ A 10 3 ♣ A V 10 9 6	♠ A 7 5 ♥ 8 7 2 ♦ A R 8 3 ♣ D 9 3
N O E S	N O E S
♠ A 9 5 ♥ R D 5 ♦ R 8 4 2 ♣ D 3 2	♠ R 10 8 ♥ R D 5 ♦ 10 2 ♣ A V 10 8 5

Vulnérables : Est-Ouest.
Donneur : Sud.

S	O	N	E
1 ♦	-	2 ♣	-
2 SA	-	3 SA...	

S	O	N	E
1 ♣	-	1 ♦	-
1 SA	-	3 SA...	

Entame : 6 de Cœur.

Compte des levées immédiates ?

- 2 à Pique
- 1 à Cœur (après l'entame)
- 2 à Carreau
- 1 à Trèfle

6 levées, il manque trois plis que les Trèfles fourniront.

Que déduisez-vous de l'entame ? Combien Est possède-t-il de cartes supérieures au 6 (4ème meilleure) ?

La Règle de 11 montre qu'il détient une seule carte plus forte que ce 6. Il pourrait s'agir de l'As mais, dans ce cas, Ouest eût entamé de sa tête de séquence avec Valet 10 9 6 (x). La carte supérieure sera donc le 9, le 10 ou le Valet.

Effectivement, dans les deux cas (exemples A et B), Est fournit le Valet.

Vous possédez Roi et Dame troisièmes (en face de trois petites cartes) :

Laissez-vous passer ce Valet de Cœur ?

Ces deux donnes se ressemblent énormément, cependant un fossé les sépare. **Pourquoi ?**

Simplement parce que si le Roi de Trèfle est mal placé
- dans la donne A, nous rendrons la main à Est,
- dans la donne B, nous rendrons la main à Ouest.

Quels enseignements tirez-vous de cette constatation ?

Exemple A - Si nous prenons le Valet de Cœur du Roi, notre Dame sera prise en impasse. Dans le cas du partage 5-2, nous devrons concéder 4 Cœurs ainsi que le Roi de Trèfle. Par conséquent, il faut **laisser passer** le Valet. Est rejouera Cœur et de deux choses l'une :

- ou bien les Cœurs sont 5-2 et Ouest ne pourra reprendre la main,
- ou bien Est peut revenir Cœur : c'est que la couleur est partagée 4-3 et nous n'abandonnerons que trois plis à Cœur + le Roi de Trèfle.

Exemple B - Il ne faut surtout pas esquicher le Valet de Cœur, car la défense achèvera d'affranchir cette couleur et, dans le cas présent, c'est Ouest qui risque de reprendre ultérieurement la main. Par contre, si nous gagnons le premier pli, la Dame de Cœur demeurera protégée et le contrat ne sera pas mis en péril.

Donne A

	♠ R 8 ♥ 8 7 2 ♦ A 10 3 ♣ A V 10 9 6	
♠ D 10 7 ♥ A 10 9 6 4 ♦ D 9 5 ♣ 7 5	N O E S	♠ V 6 4 3 2 ♥ V 3 ♦ V 7 6 ♣ R 8 4
	♠ A 9 5 ♥ R D 5 ♦ R 8 4 2 ♣ D 3 2	

Donne B

	♠ A 7 5 ♥ 8 7 2 ♦ A R 8 3 ♣ D 9 3	
♠ D 9 4 ♥ A 10 9 6 4 ♦ 7 6 5 ♣ R 2	N O E S	♠ V 6 3 2 ♥ V 3 ♦ D V 9 4 ♣ 7 6 4
	♠ R 10 8 ♥ R D 5 ♦ 10 2 ♣ A V 10 8 5	

PRINCIPE : Roi Dame x équivalent à un As. Vous laissez passer l'entame avec cette combinaison d'Honneurs si vous craignez de redonner la main à l'adversaire de droite (car, dans cette perspective, il n'est guère réjouissant de ne conserver que Dame x ou Roi x).

En revanche, il sera très préjudiciable d'adopter la même technique si c'est à Ouest que vous risquez de rendre la main ; en procédant de la sorte, vous sacrifierez votre deuxième arrêt dans la couleur.

DONNE N° 13

♠ R 10 4
♥ A R 9 8 6
♦ R 3
♣ 10 5 2
N / O E / S
♠ V 9 2
♥ 7 5 2
♦ A D V 10
♣ R 9 8

Vulnérables : Est-Ouest.

Donneur : Ouest.

S	O	N	E
	-	1 ♥	-
2 ♦	-	2 ♥	-
2 SA*	-	3 SA...	

* L'enchère de 3♥ eût été préférable.

Entame : 3 de Trèfle.

Est fournit la Dame de Trèfle, la laissez-vous passer ?

Bien sûr que non, car vous courez le risque de ne réaliser aucun pli à Trèfle : Ouest détient probablement l'As et le Valet.

Vous prenez du Roi de Trèfle, combien de levées comptez-vous ?

- 2 à Cœur
- 4 à Carreau
- 1 à Trèfle

7 plis sûrs.

Il faut affranchir deux levées, où les trouverez-vous ?

• Le partage 3-2 à Cœur (68 % des cas) peut procurer deux plis de longueur.

• La position de la Dame de Pique en Ouest (impasse répétée si nécessaire) offre 50 % de chances d'établir deux levées.

Quelle solution adoptez-vous ?

Se fier aux pourcentages constitue une bonne habitude, toutefois, il ne faut pas oublier qu'à Sans-Atout, s'il est toujours indispensable de compter ses plis en attaque, on ne doit pas pour autant négliger de dénombrer ceux de la défense : dans le cas présent, elle s'est affranchi trois levées à Trèfle (l'entame du 3, alors que le 2 est apparent, indique que les Trèfles sont fort heureusement 4-3) ; à tout moment, les défenseurs peuvent encaisser l'As de Pique. Si vous leur concédez un pli à Cœur pour affranchir la longue du mort, ils s'adjugeront cinq levées : 3 Trèfles + l'As de Pique + 1 Cœur, soit une de chute.

L'affranchissement des Cœurs ne peut donc être raisonnablement envisagé et il faut se résoudre à tenter l'impasse à la Dame de Pique (la possession du 9 est primordiale).

Quelle est donc la ligne de jeu ?

Présentez le Valet de Pique : il contraint Est à prendre de l'As, Ouest encaisse trois levées de Trèfle, puis ressort à Cœur, naturellement, vous prenez.

Comment continuez-vous ?

Jouez Roi de Carreau et petit Carreau pour l'As (n'oubliez pas d'encaisser la Dame et le Valet), et enfin renouvelez l'impasse à la Dame de Pique.

Ouest	Nord / Sud	Est
	♠ R 10 4 ♥ A R 9 8 6 ♦ R 3 ♣ 10 5 2	
♠ D 6 5 ♥ V 10 3 ♦ 6 4 2 ♣ A V 7 3	N O E S	♠ A 8 7 3 ♥ D 4 ♦ 9 8 7 5 ♣ D 6 4
	♠ V 9 2 ♥ 7 5 2 ♦ A D V 10 ♣ R 9 8	

PRINCIPE : Ne vous contentez pas de compter les levées qu'il importe d'affranchir ; songez aussi aux plis de la défense : à quoi sert d'établir une neuvième levée si, entre-temps, le flanc a pu en défiler cinq ?

DONNE N° 14

♠ 9 4 3
♥ 5
♦ A R 10 9 8 7
♣ A 9 4

N
O E
S

♠ A V 7 2
♥ A R 7 3
♦ D
♣ D 7 5 3

Vulnérables : Est-Ouest.

Donneur : Nord.

S	O	N	E
		1 ♦	-
1 ♥	-	2 ♦	-
3 SA...			

Entame : Dame de Cœur.

Comptez vos levées.

- 1 à Pique
- 2 à Cœur
- 3 à Carreau
- 1 à Trèfle

7 plis. Etablissez-en 2.

Où cela ?

A Carreau, bien entendu.

Quelle est la façon "normale" de jouer cette couleur ?

On tire la Dame, puis les gros Honneurs As et Roi (après être monté en Nord à l'As de Trèfle).

Cependant, avez-vous remarqué que vous ne disposerez alors plus de rentrée au mort ?

Par conséquent, cette ligne de jeu échouera si le Valet de Carreau est quatrième ou plus.

Quel remède entrevoyez-vous ?

Il est simple, à condition d'y penser : jouez la Dame de Carreau, surprenez-la de l'As et continuez la couleur jusqu'à ce que le Valet apparaisse (en effet, vous possédez les cartes immédiatement inférieures : 10, 9, 8). Certes, vous ferez peut-être cadeau d'un pli (dans le cas du Valet troisième), mais vous pourrez en tout état de cause, rejoindre le mort grâce à l'As de Trèfle.

Vous aurez ainsi garanti neuf plis.

	♠ 9 4 3 ♥ 5 ♦ A R 10 9 8 7 ♣ A 9 4	
♠ R 10 6 5 ♥ D V 10 9 ♦ 4 3 ♣ R 6 2	N O E S	♠ D 8 ♥ 8 6 4 2 ♦ V 6 5 2 ♣ V 10 8
	♠ A V 7 2 ♥ A R 7 3 ♦ D ♣ D 7 5 3	

PRINCIPE : Si les rentrées sont en nombre insuffisant, ne cédez pas à la tentation d'une économie de bouts de chandelle quand vous possédez un Honneur sec en face d'une couleur comportant toutes les cartes intermédiaires.

Autre cas : As Valet 10 9 8
Roi

Surprenez le Roi et l'As et concédez volontairement la Dame.

DONNE N° 15

♠ 8 ♥ A 2 ♦ 10 6 5 4 ♣ A V 8 6 4 2	
N O E S	
♠ A V 2 ♥ D V 6 ♦ A R 3 ♣ D 10 9 3	

Vulnérables : tous.

Donneur : Sud.

S	O	N	E
1 SA	-	2 ♠*	-
2 SA**	-	3 ♥***	-
3 SA...			

* Texas Trèfle.
** Fitté-Main maxi.
*** Courte à Pique.

Entame : Roi de Pique.

Combien de levées possédez-vous ?

- 1 à Pique
- 1 à Cœur
- 2 à Carreau
- 1 à Trèfle

5 plis.

Quelle couleur allez-vous exploiter ?

Les Trèfles, bien sûr, vous y détenez dix cartes et il suffit de capturer ou de faire tomber le Roi pour affranchir un nombre suffisant de levées.

Ce 3 SA semble donc ne présenter aucune difficulté, mais la couleur d'entame ne pose-t-elle pas un problème ? Lequel ?

Ouest et Est possèdent neuf cartes à Pique.

Supposons que vous preniez le premier Pique de l'As pour conserver un arrêt dans la couleur avec Valet-2 : si le Roi de Trèfle se trouve chez Est, ce dernier rejouera Pique et vous vous retrouverez dans une situation très précaire.

Quel est donc le remède ?

En refusant de prendre le Roi de Pique, vous laissez Ouest en main et, de la sorte, il lui est interdit de rejouer Pique : s'il persiste, il se jette dans la fourchette As-Valet.

Vous appliquez donc ce principe de laisser-passer particulier baptisé coup de Bath ; effectivement, Ouest vous considère avec méfiance, il réfléchit quelques instants et rejoue le 7 de Cœur.

Comment réagissez-vous ? Quel doit être votre raisonnement ?

Souvenez-vous que quatre plis à Trèfle suffisent et que vous n'avez nul besoin d'un pli à Cœur en sus de l'As.

Admettons que vous tentiez l'impasse au Roi de Cœur, que risquerait-il de survenir ?

Est prendrait du Roi et retournerait Pique. Vous n'auriez toujours pas eu le temps de vous attaquer aux Trèfles et le coup de Bath de la première levée ne vous aurait rien apporté. Au contraire, vous chuteriez d'une levée de plus.

Par conséquent, ne cédez pas à la tentation de l'impasse à Cœur puisqu'elle est inutile et que vous gardez encore la couleur grâce à Dame-Valet.

Appelez donc l'As de Cœur, puis jouez Carreau du mort pour l'As et présentez enfin la Dame de Trèfle. L'impasse échoue mais le contrat est assuré, puisque vous conservez encore un arrêt certain dans chacune des couleurs :

- à Pique : l'As,
- à Cœur : Dame, Valet,
- à Carreau : le Roi.

Deux embûches vous guettaient, nul doute que vous avez su en triompher.

Nord :
♠ 8
♥ A 2
♦ 10 6 5 4
♣ A V 8 6 4 2

Ouest :
♠ R D 10 9 4
♥ 7 5 4
♦ D 9 7 2
♣ 5

Est :
♠ 7 6 5 3
♥ R 10 9 8 3
♦ V 8
♣ R 7

Sud :
♠ A V 2
♥ D V 6
♦ A R 3
♣ D 10 9 3

PRINCIPE : Lorsque vous possédez As-Valet... et que l'adversaire entame du Roi, vous gagnez un temps précieux en refusant de prendre cette levée.

Mais prenez garde, n'appliquez pas cette technique aveuglément. Votre décision de prendre ou de laisser passer avec As-Valet... ne peut être arrêtée qu'une fois le plan de jeu soigneusement établi.

DONNE N° 16

♠ R 6 ♥ A 10 5 ♦ A V 9 6 ♣ D 10 8 3 N O E S ♠ A 7 3 ♥ R 9 6 ♦ D 10 2 ♣ A V 9 6	Vulnérables : tous. Donneur : Sud.

S	O	N	E
1 ♣	-	1 ♦	-
1 SA	-	3 SA...	

Entame : 4 de Pique (le 10 en Est).

Dénombrez vos plis sûrs.

- 2 à Pique
- 2 à Cœur
- 1 à Carreau
- 1 à Trèfle

6 plis.

Il s'avère nécessaire d'affranchir trois levées. Si l'une des deux impasses Trèfle ou Carreau gagne, vous réussirez votre contrat sans encombre. Vous avez dû cependant constater que dans les livres les impasses sont très rarement couronnées de succès, il faut, en effet, s'astreindre à gagner, autant que faire se peut, quelle que soit la place des cartes adverses.

Allez-vous laisser passer l'entame ?

La Règle de 7 (corrigée) est également efficace avec deux arrêts quand on ne craint pas de switch.

Esquichez donc au premier pli : Est continue du Valet pour le 2 en Ouest et votre Roi.

Tentez-vous d'abord l'impasse au Roi de Trèfle ou bien celle au Roi de Carreau ?

Si les Piques sont 4-4, l'ordre que vous adopterez n'a aucune importance. Par contre, s'ils sont partagés 5-3, c'est certainement Ouest qui détient la longue. Il faut donc d'abord éliminer sa rentrée en commençant par jouer Trèfle. Par la suite, vous vous consacrerez à l'impasse au Roi de Carreau en toute sécurité puisque l'alternative est claire : ou bien les communications à Pique sont rompues entre Est et Ouest (répartition 5-3), ou bien leurs mains communiquent (répartition 4-4)* et vous ne perdrez que deux Piques en plus des deux Rois mineurs.

	♠ R 6 ♥ A 10 5 ♦ A V 9 6 ♣ D 10 8 3	
♠ D 9 8 4 2 ♥ V 3 2 ♦ 7 5 ♣ R 7 2	N O E S	♠ V 10 5 ♥ D 8 7 4 ♦ R 8 4 3 ♣ 5 4
	♠ A 7 3 ♥ R 9 6 ♦ D 10 2 ♣ A V 9 6	

PRINCIPE : Appliquez aussi la règle de 7 lorsque vous détenez deux arrêts dans la couleur d'entame et que vous ne craignez pas de switch (en laissant passer bien entendu une fois de moins). De plus, choisissez avec soin l'ordre dans lequel vous devez affranchir vos couleurs, désarmez en premier lieu l'adversaire jugé dangereux (tandis que vous possédez encore le contrôle de sa couleur).

---

* En réalité, dès la deuxième levée, vous pouviez avoir la quasi-certitude que les Piques étaient 5-3. **A votre avis, pourquoi ?**

Est est reparti du Valet, alors qu'avec un résidu de trois cartes, il aurait retourné la plus petite. Par ailleurs, sur cette levée, Ouest a fourni le 2 après avoir entamé en 4ème meilleure.

DONNE N° 17

♠ A 7 6 4
♥ D 9 2
♦ D 5
♣ 6 5 4 2

	N	
O		E
	S	

♠ R 9 3
♥ A V 10 5
♦ A 3 2
♣ A R 8

Vulnérable : personne.

Donneur : Sud.

S	O	N	E
1 ♣	-	1 ♠	-
2 SA	-	3 SA...	

Entame : 6 de Carreau.

Comptabilisez les plis sûrs.

- 2 à Pique
- 1 à Cœur
- 1 à Carreau
- 2 à Trèfle

6 plis. Il faut en affranchir 3.

Quelles sont les perspectives offertes ?

La seule couleur attractive est Cœur, car il est possible d'y développer les trois plis manquants avec le Roi en Est.

Fournissez-vous le 5 ou la Dame de Carreau sur l'entame ?

La Dame, bien sûr ; il faut espérer qu'Ouest a entamé sous le Roi et il n'y a rien à gagner à passer le 5 : Est intercalera une carte intermédiaire qui forcera votre As.

La Dame est couverte par le Roi d'Est.

Prenez-vous immédiatement ?

Le gain du contrat étant subordonné au placement favorable du Roi de Cœur, il est inutile de laisser passer.

Comment continuez-vous ?

Vous montez au mort à l'As de Pique et jouez Cœur.

Quelle carte faut-il appeler, le 2, le 9 ou la Dame ? (Vous avez certainement remarqué que vous ne possédez plus de communication avec le mort.)

Le 2 ne convient pas : vous ne pourrez renouveler l'impasse au Roi de Cœur si elle réussit.

Par conséquent, la Dame semble être la bonne carte puisqu'elle permettra de capturer le Roi troisième en Est.

Mais qu'adviendra-t-il si le Roi est quatrième ?

Vous ne pourrez réaliser quatre plis à Cœur car vous vous trouverez dans une des deux situations suivantes selon que sera fourni le 5 ou le 10 de Cœur sur la Dame.

Soit :	9 2 A V 10	Vous êtes contraint de prendre la main. Est conserve le Roi second.
Soit :	9 2 A V 5	Est couvre le 9 du Roi et garde 8 7 contre Valet 5 chez vous.

Une seule carte est parfaitement correcte à la première levée de Cœur : le 9 pour le 5 de la main (Est ne peut couvrir sous peine de livrer tout de suite quatre levées), puis la Dame pour le 10 et enfin le 2 vers la fourchette As-Valet :

Voici les trois positions successives :

1)	2)	3)
♥ D **9** 2	♥ **D** 2	♥ **2**
♥ A V 10 **5**	♥ A V **10**	♥ A **V**

	Nord	
	♠ A 7 6 4 ♥ D 9 2 ♦ D 5 ♣ 6 5 4 2	
Ouest ♠ V 8 ♥ 4 3 ♦ V 9 7 6 4 ♣ D 10 7 3	N O E S	**Est** ♠ D 10 5 2 ♥ R 8 7 6 ♦ R 10 8 ♣ V 9
	♠ R 9 3 ♥ A V 10 5 ♦ A 3 2 ♣ A R 8	

PRINCIPE : Certains maniements de couleur sont classiques et doivent être connus. Leur emploi est indispensable dans le cas où l'on possède un nombre restreint de communications.

DONNE N° 18

♠ V 3
♥ 7 5
♦ D V 10 6 5
♣ A D 10 3

	N	
O		E
	S	

♠ A 9 5
♥ A V 4
♦ A 9 3
♣ R V 5 2

Vulnérables : Est-Ouest.

Donneur : Sud.

S	O	N	E
1 SA	-	3 SA...	

Entame : Roi de Cœur.
(Quand le plan de jeu achevé, vous appellerez le 5 de Cœur du mort, Est fournira le 2.)

Combien de gagnantes les deux mains comportent-elles ?

- 1 à Pique
- 1 à Cœur
- 1 à Carreau
- 4 à Trèfle

7 plis.

Quelle est la couleur affranchissable ?

Les Carreaux : vous tenterez l'impasse au Roi et établirez suffisamment de levées.

Vous souvenez-vous d'une manœuvre déjà évoquée, et si oui, la mettez-vous en application dans le cas présent ?

Il semble bien que ce soit le moment de vous rappeler le coup de Bath, mais qu'adviendra-t-il si vous laissez Ouest en main à la première levée ?

A la vue du 2 fourni par son partenaire (refus de la couleur), Ouest comprendra que vous détenez As Valet x. Il trouvera, sans nul doute, la contre-attaque Pique, vous devrez laisser passer et Est rejouera Cœur alors que le Roi de Carreau n'est toujours pas tombé.

Donc, pas question de coup de Bath cette fois-ci, prenez immédiatement de l'As de Cœur, votre Valet second constituant encore un arrêt (si vous rendez la main, ce ne peut être qu'à Ouest, l'adversaire non dangereux).

Vous prenez donc le Roi de Cœur de l'As.

Et ensuite ?

Montez au mort à l'As de Trèfle, présentez la Dame de Carreau qui tient et continuez du 5 : Est défausse le 7 de Pique.

Fournissez-vous l'As ou le 9 ?

L'As, puis vous continuez du 9 qu'Ouest ne prend toujours pas. N'omettez pas de le surprendre du 10 et de rejouer la couleur. Il n'y a aucun risque à affranchir une 10ème levée à Carreau puisqu'Ouest n'est aucunement dangereux.

Le retour Pique est pris de l'As. Le contrat est maintenant assuré. Il ne reste plus qu'à monter au mort à Trèfle pour encaisser le dernier Carreau.

Une levée de mieux, réalisée sans aucun risque, récompensera ce plan de jeu bien établi.

	♠ V 3 ♥ 7 5 ♦ D V 10 6 5 ♣ A D 10 3	
♠ 8 4 2 ♥ R D 10 9 6 ♦ R 7 4 2 ♣ 9	N O E S	♠ R D 10 7 6 ♥ 8 3 2 ♦ 8 ♣ 8 7 6 4
	♠ A 9 5 ♥ A V 4 ♦ A 9 3 ♣ R V 5 2	

PRINCIPE : Les coups techniques ne doivent pas aveugler votre jugement. Ne cédez pas à la tentation de laisser passer lorsque vous craignez un retour plus dangereux.

DONNE N° 19

♠ A V 6 4 2 ♥ 8 2 ♦ R 5 ♣ A 9 6 3 N O E S ♠ 10 5 ♥ A R 6 ♦ D V 10 7 ♣ D V 10 2	Vulnérables : Est-Ouest. Donneur : Sud.

S	O	N	E
1 ♦	-	1 ♠	-
1 SA	-	3 ♣*	-
3 SA...			

* ou 2 ♣ relais (Roudi ou relais-Texas)

Entame : Dame de Cœur.

Comptez vos levées :

- 1 à Pique
- 2 à Cœur
- 1 à Trèfle

4 plis sûrs, tâchez de trouvez cinq levées supplémentaires !

Laissez-vous passer l'entame ?

Oui, car vous ne craignez aucun switch, bien au contraire. Vous couperez les communications si les Cœurs sont partagés 5-3.

Envisagez les perspectives offertes par les différentes couleurs :

• **A Pique :** elles sont extrêmement limitées car, pour affranchir trois levées avec As Valet x x x en face de 10 x, il est impératif de trouver Roi Dame troisièmes en Ouest. Toute autre position sera défavorable.

• **A Carreau :** vous établirez trois plis en faisant sauter l'As adverse : vous jouerez le 7 pour le Roi, puis le 5 vers Dame Valet 10 et continuerez jusqu'à ce que l'As apparaisse.

• **A Trèfle :** Vous affranchirez deux ou trois levées suivant l'emplacement du Roi.

Opérons la synthèse de ces éléments :

Aucune couleur ne peut, à elle seule, vous procurer les cinq levées faisant défaut : par conséquent, posez-vous les questions suivantes :

1° Quelles sont les couleurs à exploiter ?

2° L'ordre dans lequel vous les jouerez est-il important ? Pourquoi ?

1° Les couleurs affranchissables :

Les Piques ne sont pas attractifs ; incontestablement, il faut opter pour les Carreaux et les Trèfles : ils procureront, à coup sûr, cinq levées (voire six, si l'impasse au Roi réussit).

2° Ordre des couleurs à affranchir :

Reparlons brièvement d'un problème primordial à Sans-Atout (en défense et en attaque) : la course à l'affranchissement. Ouest a entamé dans une couleur où vous possédez cinq cartes et deux arrêts ; or, il faudra rendre la main une ou deux fois selon la position du Roi de Trèfle.

Qu'arrivera-t-il si vous commencez par tenter l'impasse à cet Honneur et qu'elle échoue ?

Est affranchira la longue de son partenaire et vous rendrez peut-être la main à ce dernier lorsque vous jouerez Carreau.

Quelle est donc la ligne de jeu correcte ?

Elle consiste à établir d'abord les Carreaux pour désarmer la main dangereuse (Ouest en l'occurrence), et seulement ensuite à tenter l'impasse au Roi de Trèfle, car de deux choses l'une :

a) **elle est gagnante :** vous affranchissez dix plis ;

b) **elle échoue :** neuf levées sont assurées sans qu'Ouest puisse reprendre la main (si les mains adverses communiquent encore à Cœur, cette couleur **est 4-4**).

	Nord ♠ A V 6 4 2 ♥ 8 2 ♦ R 5 ♣ A 9 6 3	
♠ R 3 ♥ D V 10 5 3 ♦ A 6 2 ♣ 7 5 4	N O E S	♠ D 9 8 7 ♥ 9 7 4 ♦ 9 8 4 3 ♣ R 8
	Sud ♠ 10 5 ♥ A R 6 ♦ D V 10 7 ♣ D V 10 2	

PRINCIPE : Quand vous êtes contraint d'exploiter deux couleurs et que vous possédez deux arrêts dans la couleur d'entame, vous devez commencer par affranchir la couleur qui risque de donner la main au détenteur de la longue. Vous ferez ainsi sauter prématurément sa rentrée.

DONNE N° 20

♠ A D ♥ V 5 2 ♦ 10 8 6 4 2 ♣ R 7 6 N O E S ♠ 6 5 3 2 ♥ A D 10 4 ♦ A R ♣ A 8 5	Vulnérables : tous. Donneur : Sud.

S	O	N	E
1 SA	-	3 SA...	

Entame : Valet de Pique.

Combien de gagnantes comptez-vous ?

- 1 à Pique
- 1 à Cœur
- 2 à Carreau
- 2 à Trèfle

6 levées. Trois plis doivent donc être établis (peut-être deux seulement, si l'impasse Pique gagne).

Vous appelez la Dame de Pique que "naturellement" Est prend du Roi ; il rejoue le 8 de Pique pour l'As du mort.

Où allez-vous trouver les trois plis manquants et que devez-vous espérer ?

A Cœur, à condition que le Roi se situe chez l'adversaire de droite.

Quelles sont les seules répartitions favorables à Cœur et pourquoi ?

Le Roi sec, 2ème ou 3ème en Est. En effet, s'il est quatrième, il sera imprenable contre une défense correcte.

Comment maniez-vous la couleur ?

Si elle est répartie 3-3, aucun problème, vous pouvez présenter le Valet du mort, mais dans l'hypothèse où le Roi de Cœur est second, que surviendra-t-il si vous choisissez de partir du Valet ?

Est couvrira et vous devrez concéder le 9 quatrième d'Ouest.

Quelle solution entrevoyez-vous ?

Il faut, bien entendu, songer à économiser vos Honneurs puisque vous détenez une autre remontée. Jouez le 2 de Cœur pour la Dame.

Allez ensuite au mort grâce au Roi de Trèfle et présentez de nouveau petit Cœur. Est devra fournir son Roi et vous réaliserez quatre plis à Cœur, condition “sine qua non” à la réussite de votre contrat.

	♠ A D ♥ V 5 2 ♦ 10 8 6 4 2 ♣ R 7 6	
♠ V 10 9 7 ♥ 9 7 6 3 ♦ 9 7 ♣ 10 4 2	N O E S	♠ R 8 4 ♥ R 8 ♦ D V 5 3 ♣ D V 9 3
	♠ 6 5 3 2 ♥ A D 10 4 ♦ A R ♣ A 8 5	

PRINCIPE : Avec des rentrées en nombre suffisant, économisez vos honneurs quand les couleurs exploitables sont ainsi distribuées :

D x x — V x x

ou

A V 10 x — A R 10 x

c’est-à-dire lorsque vous ne possédez pas toutes les cartes intermédiaires (absence du 9).

DONNE N° 21

♠ R D 6	
♥ 10 5 4	
♦ V 8 6 3	
♣ A 8 3	
	N
O	E
	S
♠ A V 3	
♥ D V 9	
♦ A D 10 9	
♣ R 5 2	

Vulnérables : Nord-Sud.

Donneur : Ouest.

S	O	N	E
	-	-	-
1 SA	-	3 SA...	

Entame : 6 de Cœur.

Comptez tout d'abord les levées certaines :

- 3 à Pique
- 1 à Cœur (après la continuation évidente)
- 1 à Carreau
- 2 à Trèfle

7 plis.

Où espérez-vous établir les plis faisant défaut ?

A Carreau, bien entendu. Si le Roi se situe chez Est (50 % des chances), vous réaliserez 10 levées.

A priori, tous les espoirs sont permis...

Cependant un danger vous guette. Lequel ?

Ouest a entamé Cœur, couleur où vous êtes vulnérable.

Dans le cas des Cœurs 4,3 (62 %), Est-Ouest ne réaliseront que 3 ou 4 levées (3 Cœurs et éventuellement 1 Carreau), mais si la couleur est partagée 5-2 (la longueur 5ème étant située par hypothèse chez Ouest : déduction de l'entame), vous risquez de perdre 4 plis à Cœur et le Roi de Carreau.

Sur l'entame du 6 de Cœur, Est fournit le Roi et rejoue le 2. Ouest couvre votre Valet de l'As et présente au troisième pli le 3 de Cœur (Est défausse le 4 de Pique).

Comment les Cœurs sont-ils répartis ?

Hélas, assez mal pour vous : Ouest possède 2 cartes affranchies.

Vous montez au mort à Pique et naturellement, le plan initial d'affranchissement des Carreaux est mis à exécution.

Quel Carreau du mort jouez-vous ?

Le Valet. Si Est possède le Roi, il est possible qu'il observe la Règle Honneur sur Honneur et qu'ainsi il vous ôte tout souci. Peut-être tient-il à ne pas vous faciliter la tâche, toujours est-il qu'il fournit sans sourciller le 2 de Carreau.

Et de votre main ?

Souvenez-vous qu'Ouest est l'adversaire dangereux car il possède une longue à Cœur qui suffit à vous faire chuter. Dans l'hypothèse du Roi de Carreau chez lui, vous ne réaliserez pas le contrat, **sauf si... ?**

Sauf s'il possède le Roi de Carreau sec, donc plongez de l'As, et vous vous délecterez de la mine dépitée d'Ouest quand il fournira à contre-cœur son Roi sec.

Votre choix de l'As de Carreau peut-il mettre ce contrat de 3 SA en danger ?

Pas du tout, votre unique objectif est de réaliser 9 levées. Si le Roi de Carreau se trouve chez Est, vous le lui donnerez délibérément et affranchirez les deux plis indispensables à la réussite de votre manche. De toute façon, Est, en main au Roi de Carreau, ne pourra communiquer avec son partenaire.

N.B. - Avec le Roi de Carreau au moins second en Ouest, il est impossible de gagner.

	♠ R D 6 ♥ 10 5 4 ♦ V 8 6 3 ♣ A 8 3	
♠ 10 8 2 ♥ A 8 7 6 3 ♦ R ♣ V 7 6 4	N O E S	♠ 9 7 5 4 ♥ R 2 ♦ 7 5 4 2 ♣ D 10 9
	♠ A V 3 ♥ D V 9 ♦ A D 10 9 ♣ R 5 2	

PRINCIPE : Quand l'un des adversaires est dangereux, prenez toutes les mesures nécessaires pour éviter de lui rendre la main. Le refus d'impasse en est une.

DONNE N° 22

♠ V 7 5 4
♥ R 9 6
♦ R V 2
♣ R 3 2

N
O E
S

♠ A 6 3
♥ A 8
♦ A 9 7 5 4
♣ A 10 6

Vulnérables : Nord-Sud.

Donneur : Est.

S	O	N	E
			-
1 SA	-	3 SA*...	

* Main 4-3-3-3. Le problème a déjà été évoqué.

Entame : Dame de Cœur.

Quel est le total des plis immédiats ?

- 1 à Pique
- 2 à Cœur
- 2 à Carreau
- 2 à Trèfle

7 levées.

Où les 2 plis seront-ils affranchis ?

A Carreau naturellement, puisque vous y détenez 8 cartes et qu'il ne manque que la dame et le 10.

Etes-vous contraint de capturer la Dame de Carreau ?

Absolument pas, seules 2 levées sont requises.

Dans une telle conjoncture, à quoi devez-vous songer ?

A un jeu de sécurité, classique et l'occurrence ; il s'agit d'abandonner le maniement consistant à pratiquer l'impasse à la Dame, pour assurer 4 levées contre toute distribution (même avec D 10 x x en Est).

Connaissez-vous le maniement approprié ?

On dire d'abord le gros Honneur qui accompagne le Valet, puis on rejoue vers ce dernier. De deux choses l'une :

- Ouest possède D 10 x x : le Valet remporte la levée ;
- Est détient D 10 x x : Ouest défausse, le Valet force la Dame, ensuite le 10 sera pris en impasse

Est-il nécessaire de laisser passer l'entame de la Dame de Cœur ?

Non, car vous n'envisagez pas de lâcher la main plus d'une fois et une contre-attaque Pique pourrait être désastreuse.

Par conséquent : As de Cœur à la 1ère levée, 4 de Carreau pour le Roi, 2 de Trèfle pour l'As et 5 de Carreau vers le Valet (Ouest défausse Pique) ; ensuite vous remontez au mort par l'entremise du Roi de Cœur et capturez le 10 d'Est.

	♠ V 7 5 4 ♥ R 9 6 ♦ R V 2 ♣ R 3 2	
♠ D 9 8 2 ♥ D V 10 7 4 ♦ 8 ♣ V 7 4	N O E S	♠ R 10 ♥ 5 3 2 ♦ D 10 6 3 ♣ D 9 8 4
	♠ A 6 3 ♥ A 8 ♦ A 9 7 5 4 ♣ A 10 6	

PRINCIPE : Lorsqu'un contrat semble ne présenter aucune difficulté, soyez d'une humeur extrêmement pessimiste : souscrivez si possible une "assurance tous risques" : envisagez les pires répartitions et mettez en œuvre le jeu de sécurité approprié.

Sachez sacrifier délibérément un pli pour ne pas en perdre davantage.

R V x
A 9 x x x } Le Roi, puis petit vers le Valet.

A V x x
R 9 x x

A V x x x
R 9 x } L'As, puis petit vers R 9 avec l'intention de passer le 9 si Est fournit.

DONNE N° 23

♠ V 8 5
♥ D 4 2
♦ R V 6 3
♣ D 8 3

N
O E
S

♠ A 6 3
♥ 9 7
♦ A D 5
♣ A R 6 4 2

Vulnérable : Personne.

Donneur : Sud.

S	O	N	E
1 SA	-	3 SA...	

Entame : Valet de Trèfle (le 7 en Est).

Comptez vos plis sûrs.

- 1 à Pique
- 4 à Carreau
- 3 à Trèfle

8 levées.

Entrevoyez-vous le 9ème pli ?

A Pique et à Cœur, les perspectives sont des plus sombres. En ouvrant ces couleurs, vous risquez fort de chuter immédiatement.

Il ne reste que Trèfle, la couleur d'entame, dans laquelle Ouest possède certainement 4 cartes (en effet, les enchères auraient dû l'inciter à entamer dans une majeure).

Si vous prenez immédiatement et rejouez Trèfle, qu'arrivera-t-il ?

Est va défausser et rappeler son partenaire, sans doute à Cœur. Vous perdrez 1 Trèfle + 4 ou 5 plis dans cette dernière couleur car il est fort peu probable qu'Ouest y possède As et Roi.

Il faut donc laisser passer l'entame du Valet de Trèfle comme si vous craigniez cette couleur.

Est-il possible d'induire Ouest en erreur (sans naturellement enfreindre les règles du Code) ?

Confronté à une situation similaire à celle-ci, appliquez une technique simple, mais efficace, contre des défenseurs qui observent et interprètent les cartes de leur partenaire.

Le déclarant doit s'habituer à sélectionner la carte qu'il fournirait s'il était lui-même en flanc : il "appelle" s'il désire une continuation de la couleur, il "refuse" dans le cas contraire. Dans le cas présent il choisit le 4 (ou le 6) de Trèfle. Apercevant le 7 de son vis-à-vis, Ouest lira sans doute cette carte comme un appel ; en effet, il notera l'absence du 2 et il ne verra aucune raison de changer son fusil d'épaule. Mettez-vous à sa place, il est resté maître au Valet de Trèfle, quelle carte Est fournirait-il s'il détenait A R 7 2 : le 7, n'est-ce pas ?...

Ouest continuera Trèfle et découvrira tout à la fois l'appel Cœur et le visage consterné de son partenaire !

	♠ V 8 5 ♥ D 4 2 ♦ R V 6 3 ♣ D 8 3	
♠ D 10 9 ♥ R 8 6 ♦ 9 7 2 ♣ V 10 9 5	N O E S	♠ R 7 4 2 ♥ A V 10 5 3 ♦ 10 8 4 ♣ 7
	♠ A 6 3 ♥ 9 7 ♦ A D 5 ♣ A R 6 4 2	

PRINCIPE : Un déclarant averti s'accoutumera à signaler comme le ferait un défenseur.

Nul doute que cette technique très simple lui rapportera de précieux dividendes.

DONNE N° 24

♠ 10 7 3 ♥ A 6 5 ♦ D V 3 ♣ A D 7 2 N O E S ♠ A 9 4 ♥ D 10 3 ♦ A 10 9 8 2 ♣ R 5	Vulnérable : personne. Donneur : Sud.

S	O	N	E
1 ♦	-	2 ♣	-
2 SA	-	3 SA...	

Entame : 2 de Cœur.

Quels sont les plis gagnants ?

- 1 à Pique
- 1 à Cœur (éventuellement 2 après l'entame)
- 1 à Carreau
- 3 à Trèfle

6 levées. 3 plis font défaut, nous les trouverons aisément à Carreau (si l'impasse au Roi réussit, nous affranchirons même 4 plis dans la couleur).

De prime abord, ce contrat ne pose aucun problème. En outre, l'entame semble favorable. Soyez tout de même sur vos gardes.

Si vous laissez passer le premier Cœur pour bénéficier de l'entame et qu'Est fournisse le Roi, que peut-il arriver ?

A la vue de l'entame du 2, Est va sans doute comprendre que les Cœurs seulement quatrièmes de son vis-à-vis ne sauront suffire à assurer la chute de votre manche ; il est à craindre qu'il ne trouve la contre-attaque Pique, switch dangereux : perte d'1 Cœur, de 3 Piques et du Roi de Carreau.

Comment éviter cet écueil ?

Au bridge aussi, la gourmandise est un vilain défaut ; à la première levée, il suffit d'appeler l'As de Cœur du mort... Rien de préjudiciable ne peut arriver car vous jouez immédiatement Carreau. Si c'est Ouest qui possède le Roi, la Dame de Cœur reste protégée et vous réussissez imparablement votre contrat.

	♠ 10 7 3 ♥ A 6 5 ♦ D V 3 ♣ A D 7 2	
♠ V 8 6 2 ♥ V 9 7 2 ♦ R 7 4 ♣ 10 6	N O E S	♠ R D 5 ♥ R 8 4 ♦ 6 5 ♣ V 9 8 4 3
	♠ A 9 4 ♥ D 10 3 ♦ A 10 9 8 2 ♣ R 5	

PRINCIPE : En match par 4 ou en partie libre, l'envie bien compréhensible de réaliser un maximum de levées ne doit jamais inciter à se placer en position de chute. Assurez à 100 % la réussite de vos contrats.

DONNE N° 25

♠ D 7
♥ A 9 5
♦ A R 9 5 4
♣ 7 6 3
N / O E / S
♠ A R 5
♥ 10 8 3 2
♦ 2
♣ A 9 8 5 4

Vulnérables : Est-Ouest.

Donneur : Sud.

S	O	N	E
1 ♣*	-	1 ♦	-
1 ♥	-	1 ♠**	-
1 SA	-	3 SA...	

* Ouverture acceptable en raison des levées de tête et de la distribution.
** Quatrième couleur.

Entame : Valet de Pique.

Combien de plis sûrs disposez-vous ?

- 3 à Pique
- 1 à Cœur
- 2 à Carreau
- 1 à Trèfle

7 plis.

Où comptez-vous trouver les 2 levées manquantes ?

- Dans le cas le plus favorable, les Carreaux seront répartis 4-3, ils ne peuvent donc rapporter qu'un pli de longueur.

- Les Trèfles, par contre, sont au nombre de 8. Le partage 3-2 présente une forte probabilité : 68 % ; il faut donc exploiter cette couleur.

Combien de fois devrez-vous lâcher la main ?

Deux fois. Or, vous disposez de 3 arrêts à Pique et de 2 à Carreau. A Cœur, la présence de A 9 x en face de 10 8 x x rend cette couleur peu vulnérable (les adversaires ne pourraient y encaisser plus de deux levées). Vous n'êtes donc pas menacé par la perte de la course à l'affranchissement.

Disposez-vous de rentrées en nombre suffisant ?

Au premier abord oui, grâce à As et Roi de Pique. Mais si vous entrepreniez l'affranchissement des Trèfles en commençant par l'As, vous risqueriez d'enterrer, non seulement vos deux levées de longueur, mais également l'As de Pique si la défense s'abstenait de jouer un 3ème tour de la couleur.

Quelle solution adoptez-vous ?

Le coup à blanc, bien sûr, qui préservera une rentrée dans votre main.

1er pli : Dame de Pique.

2è pli : 3 de Trèfle pour le 4.

3e pli : 10 de Pique d'Ouest ; vous prenez de l'As.

4e pli : à nouveau petit Trèfle des deux mains (Est et Ouest fournissent).

Il ne reste qu'un Trèfle chez l'adversaire.

Même si la défense ne rejoue pas Pique, vous rentrez en main à l'As de Trèfle, tirez le 9 et le 8, puis l'As de Pique et finissez au mort en encaissant As, Roi de Carreau et As de Cœur.

Auront été réalisés : 3 plis à Pique, 1 à Cœur, 2 à Carreau et 3 à Trèfle, soit 9 au total grâce à ce double coup à blanc.

	♠ D 7 ♥ A 9 5 ♦ A R 9 5 4 ♣ 7 6 3	
♠ V 10 9 6 3 ♥ D 6 ♦ V 8 3 ♣ R D V	N O E S	♠ 8 4 2 ♥ R V 7 4 ♦ D 10 7 6 ♣ 10 2
	♠ A R 5 ♥ 10 8 3 2 ♦ 2 ♣ A 9 8 5 4	

PRINCIPE : D'une façon générale, utilisez cette technique du coup à blanc (simple ou double) si la main de la couleur longue manque de rentrées.

DONNE N° 26

♠ 8 7 5 4
♥ A D
♦ R 6 5 3 2
♣ D 3
N — O E — S
♠ A 6 3
♥ R 7
♦ A 8 4
♣ A V 6 5 2

Vulnérables : tous.

Donneur : Est.

S	O	N	E
			-
1 SA	-	2 ♣	-
2 ♦	-	3 SA...	

Entame : Dame de Carreau.
(Ouest défausse le 2 de Cœur.)

Combien chaque couleur vous apporte-t-elle de plis ?

- Pique : 1
- Cœur : 2
- Carreau : 2
- Trèfle : 1

6 levées certaines.

Sans cette entame qui dévoile la chicane Carreau d'Est, vous auriez songé à exploiter cette couleur car le partage 3-2 est assez fréquent : 68 % des cas. Les Trèfles auraient pu fournir la 9ème levée.

En vérité, les Carreaux constituent présentement une couleur dangereuse et il s'avère indispensable de ne compter que sur les Trèfles.

Connaissez-vous le maniement correct avec une teneur telle que :
A D x x x en face de V x
ou A V x x x en face de D x ?

Vous ne gagnerez en tout état de cause jamais 5 plis et si l'impasse réussit, elle ne rapportera rien en raison du manque d'intermédiaires.

Comment faut-il donc procéder ?

Il convient de jouer petit vers l'Honneur doubleton : V x ou D x.

Pour quelle raison ?

Si Ouest possède le Roi second, il devra le fournir immédiatement et vous affranchirez 4 plis. Ce maniement sera également efficace dans le cas du partage 3-3.

	♠ 8 7 5 4 ♥ A D ♦ R 6 5 3 2 ♣ D 3	
♠ V 2 ♥ 10 9 4 3 ♦ D V 10 9 7 ♣ R 8	N O E S	♠ R D 10 9 ♥ V 8 6 5 2 ♦ - ♣ 10 9 7 4
	♠ A 6 3 ♥ R 7 ♦ A 8 4 ♣ A V 6 5 2	

PRINCIPE : Un joueur expérimenté connaît et met en application les maniements de couleur les plus courants ; certes, ce chapitre de bridge peut apparaître au premier abord comme quelque peu aride, mais les efforts fournis seront incontestablement rémunérateurs.

DONNE N° 27

♠ R D 6 5 ♥ 8 3 ♦ R 7 ♣ A V 10 9 4
N O E S
♠ A 3 ♥ R 4 2 ♦ A 8 6 5 2 ♣ R 8 3

Vulnérable : personne.

Donneur : Ouest.

S	O	N	E
	-	1 ♣	2 ♥
3 SA...			

Entame : 9 de Cœur.

Nombre de levées sûres ?

- 3 à Pique
- 1 à Cœur (après l'entame)
- 2 à Carreau
- 2 à Trèfle

8 plis. Une levée supplémentaire est suffisante.

Où la gagnerez-vous ?

Incontestablement à Trèfle. Si elle réussit, l'impasse vous rapportera 3 plis.

Précisons que le 9 de Cœur est surpris par le 10 d'Est.

Quelle manœuvre Est tente-t-il de mettre en pratique ?

Le coup à blanc en défense. Il cherche à conserver les communications avec son partenaire qui, d'après les enchères, possède un maximum de deux cartes à Cœur.

Prenez-vous du Roi ou laissez-vous passer ?

Luttez donc contre ce réflexe d'assurer immédiatement un pli à Cœur et laissez maître votre adversaire de droite (la position de l'As de Cœur est connue).

Si vous prenez du Roi de Cœur, il faudra obligatoirement deviner la place de la Dame de Trèfle. Or, vous vous êtes rendu compte qu'il est toujours préférable de s'en remettre à une solution technique fondée sur un raisonnement plutôt qu'à un exercice s'apparentant au fakirisme.

Dans le cas présent, si nous laissons passer le 10 de Cœur, il sera possible d'assurer le contrat à 100 %.

Voyez-vous de quelle façon ?

.Lorsque nous manierons les Trèfles, nous éviterons que l'adversaire dangereux (Est en l'occurrence) ne prenne la main. Nous ne jouerons pas de la courte vers la longue mais nous nous attacherons à ne donner éventuellement la main qu'à Ouest, car il ne possède plus de Cœur.

Est rejoue l'As de Cœur et repart de la Dame. Vous prenez du Roi, Ouest et le mort défaussent respectivement le 2 et le 5 de Pique.

Quelle est la suite ?

Vous montez au mort à Carreau.

Quelle carte appelez-vous ensuite ?

Le Valet de Trèfle laissé courir. Ouest fournit le 2. Vous rejouez le 4 pour le 8 de la main (Ouest défausse), puis le Roi.

Comment continuez-vous ?

Il faut monter au mort. Dans le but d'éviter tout blocage, tirez l'As de Pique. Continuez du 3 pour le Roi et la Dame. Vous encaissez les Trèfles puis l'As de Carreau, vous adjugeant ainsi sans risque 11 levées.

	♠ R D 6 5 ♥ 8 3 ♦ R 7 ♣ A V 10 9 4	
♠ V 9 8 7 2 ♥ 9 5 ♦ D 10 9 4 3 ♣ 2	N O E S	♠ 10 4 ♥ A D V 10 7 6 ♦ V ♣ D 7 6 5
	♠ A 3 ♥ R 4 2 ♦ A 8 6 5 2 ♣ R 8 3	

PRINCIPE : Laissez passer en fonction des enchères.

Orientez vos impasses afin de ne pas donner la main à l'adversaire dangereux, détenteur d'une longue affranchie.

DONNE N° 28

♠ 6 4
♥ A 6 3
♦ A R 10 6 2
♣ 10 8 2
N / O E / S
♠ R V 8
♥ R 8 5 4
♦ V 9 4
♣ A R 7

Vulnérables : Nord-Sud.

Donneur : Sud.

S	O	N	E
1 ♣	1 ♠	2 ♦	-
2 SA	-	3 SA...	

Entame : 7 de Pique.
(Est fournira le 9.)

Que déduisez-vous des enchères et de l'entame ?

• Ouest possède au moins 5 Piques.

• D'autre part, la Règle de 11 enseigne qu'Est détient une seule carte supérieure au 7 de Pique ; mais avant de poursuivre, comptez les levées :

1 à Pique (après l'entame) + 2 à Cœur + 2 à Carreau + 2 à Trèfle = 7 levées certaines ; deux plis font défaut.

Comment les établir ?

En exploitant les Carreaux, bien entendu ; vous y détenez :

A R 10 x x en face de V 9 X, et quand la Dame sera apparue, 2 ou 3 levées supplémentaires seront vôtres.

Est ayant fourni le 9 de Pique à la 1ère levée, quelles cartes Ouest possède-t-il dans sa couleur d'intervention ?

A D 10 7 x (la cinquième carte demeurant inconnue).

Naturellement, vous êtes contraint de prendre ce 9 du Valet de Pique et vous passez à l'affranchissement des Carreaux.

De quelle manière précise ?

Le maniement normal consiste à tirer l'As en coup de sonde (contre la Dame sèche en Est), puis à revenir en main pour tenter l'impasse sur Ouest.

Allez-vous cependant agir de la sorte ?

Réfléchissez : à Pique, vous détenez encore le 6 au mort et R 8 en Sud, vous conservez donc un arrêt.

A quelle condition ?

Qu'Est ne reprenne pas la main.

Comment faut-il donc jouer les Carreaux ?

Tirez As et Roi en tête, car si vous avez la chance de voir tomber la Dame seconde d'Est, vous vous féliciterez de la justesse de votre analyse.

Si la Dame n'apparaît pas, que faudra-t-il espérer ?

Que c'est Ouest qui la détient ; certes, vous aurez sacrifié un pli, mais souvenez-vous que 4 levées de Carreau suffisent. Comme Ouest n'a à sa disposition aucun moyen de rendre la main à son partenaire, vous aurez mené le contrat à bien.

(Signalons que dans le cas de la Dame 3ème ou 4ème en Est, la manche chutera, mais vous serez conscient d'avoir joué au mieux de vos intérêts.)

	♠ 6 4 ♥ A 6 3 ♦ A R 10 6 2 ♣ 10 8 2	
♠ A D 10 7 2 ♥ D 2 ♦ 7 5 3 ♣ D 6 3	N O E S	♠ 9 5 3 ♥ V 10 9 7 ♦ D 8 ♣ V 9 5 4
	♠ R V 8 ♥ R 8 5 4 ♦ V 9 4 ♣ A R 7	

PRINCIPE : Quand un adversaire est jugé dangereux, il est indispensable de se départir volontairement du maniement classique d'une couleur, afin d'éviter à tout prix qu'il ne prenne la main.

Cette œuvre (refus d'impasse) coûtera parfois une levée, mais elle augmentera sensiblement le pourcentage de réussite du contrat et, en partie libre ou en match par 4, c'est là l'essentiel.

DONNE N° 29

♠ 6 5
♥ R D V 8 5
♦ 9 8
♣ D 10 8 2
N / O E / S
♠ A R V 4
♥ 10 9
♦ A D 5 2
♣ A V 9

Vulnérables : tous.

Donneur : Nord.

S	O	N	E
		-	-
1 ♦	-	1 ♥	-
2 SA*	-	3 ♣**	-
3 ♠***	-	3 SA...	

* De préférence à 1♠ en raison des nombreuses fourchettes.
** Recherche de soutien différé à Cœur.
*** Pas 3 cartes à Cœur, mais 4 à Pique.

Entame : 5 de Trèfle.

Combien de levées certaines comptez-vous ?

- 2 à Pique
- 1 à Carreau
- 2 à Trèfle (après l'entame)

5 plis.

Il s'agit d'affranchir 4 levées et c'est naturellement les Cœurs qui les fourniront, vous jouerez donc cette couleur en priorité. Toutefois, soyez conscient d'une menace. **Laquelle ?**

L'adversaire qui détient l'As, le retiendra, soucieux qu'il est de couper vos communications avec le mort.

N'avez-vous cependant pas la certitude de pouvoir rejoindre le mort ? Comment ?

Si, grâce aux Trèfles, la couleur d'entame.

A quelles conditions ?

De ne fournir ni la Dame ni le 10 et de prendre de l'As en tout état de cause.

Pourquoi ?

Il restera à Trèfle :

Nord : D 10 8 et rien ne pourra vous interdire l'accès au mort.

Sud : V 9.

Vous jouez le 10 de Cœur puis le 9 que vous n'oubliez pas de surprendre du Valet.

Est prend de l'As et rejoue le Valet de Carreau, tentez-vous l'impasse au Roi ?

Surtout pas, car si elle échoue, il est possible que vous concédiez 3 levées à Carreau, l'As de Cœur et le Roi de Trèfle (souvenez-vous que vous n'avez nul besoin de 2 plis à Carreau pour la réussite de la manche).

Vous plongez de l'As de Carreau et rejouez le Valet de Trèfle.

Pour quelle raison ne craignez-vous pas que le Roi soit en Est ?

Vous avez, à juste titre, appliqué la règle de 11 :

5 (de Trèfle) + 6 cartes supérieures visibles = 11 ; Est ne reprendra pas la main et la Dame de Carreau est donc protégée.

Quelle carte du mort fournissez-vous sur le Valet de Trèfle ?

La Dame, puis encaissez 3 levées de Cœur ; vous vous adjugez 2 plis à Pique, 4 à Cœur, 1 à Carreau et 2 à Trèfle.

Pourquoi Ouest n'avait-il pas intérêt à fournir le Roi de Trèfle au retour ?

En agissant ainsi, il aurait fait cadeau d'une levée à Trèfle.

	♠ 6 5 ♥ R D V 8 5 ♦ 9 8 ♣ D 10 8 2	
♠ D 8 7 ♥ 7 4 ♦ R 7 6 4 ♣ R 7 6 5	N O E S	♠ 10 9 3 2 ♥ A 6 3 2 ♦ V 10 3 ♣ 4 3
	♠ A R V 4 ♥ 10 9 ♦ A D 5 2 ♣ A V 9	

PRINCIPE : Préservez au mieux vos communications avec la main comportant une longue affranchissable : au besoin, prenez un pli plus haut que nécessaire.

DONNE N° 30

♠ R 8 3
♥ R D 6 3
♦ R 8 7 2
♣ A 5
N / O E / S
♠ A D 9
♥ V 2
♦ A D 6 5
♣ 10 9 7 3

Vulnérables : tous.

Donneur : Sud.

S	O	N	E
1 ♣	-	1 ♥	-
1 SA	-	3 SA...	

Entame : 6 de Trèfle.

Nombre de plis sûrs ?

- 3 à Pique
- 3 ou 4 à Carreau (suivant le partage 4-1 ou 3-2 de la couleur)
- 1 à Trèfle

7 plis

Les deux levées sont aisées à trouver : vous possédez R D x x / V x à Cœur, il suffit de déloger l'As.

L'entame est-elle inquiétante ? Et si oui, pour quelles raisons ?

Si la couleur est 4-3, vous ne concéderez en tout et pour tout que l'As de Cœur et trois plis à Trèfle.

Par contre, dans le cas des Trèfles 5-2, il semble qu'on gagnera seulement si la main détenant la longue à Trèfle ne possède pas l'As de Cœur. La parade qui vient à l'esprit consiste donc à laisser passer une fois l'entame.

N'existe-t-il pas cependant un remède si Ouest détient à la fois 5 Trèfles et l'As de Cœur ?

Pour répondre à cette question demandez-vous d'abord combien Est possède de cartes supérieures au 6 : une seule (11 - 6 = 5 et vous voyez 4 d'entre elles). **Ensuite, tentez de vous representer plus précisément les Trèfles d'Ouest :**

Il ne peut posséder R D V 6 x car il aurait entamé du Roi. Son entame provient donc d'une couleur commandée par 2 Honneurs et nous pouvons créditer Est d'un Honneur second.

Dans le cas dangereux des Trèfles 5-2, trois combinaisons sont possibles : D V 8 6 x/R x, R V 8 6 x/D x ou R D 8 6 x/V x.

Ces déductions vous ont-elles mis sur la voie ?

Il faut bloquer la couleur adverse en plongeant de l'As de Trèfle au premier pli, même si cette manœuvre va à l'encontre des réflexes acquis.

- Si Est fournit petit, il sera en main plus tard avec son Honneur sec et ne pourra ensuite continuer la couleur ;
- S'il débloque cet Honneur, vous aurez un second arrêt avec 10 9 x contre R V x x.

Quelle que soit la décision d'Est, vous réussirez votre contrat, et si d'aventure la couleur est 4-3, vous n'aurez rien perdu.

	♠ R 8 3 ♥ R D 6 3 ♦ R 8 7 2 ♣ A 5	
♠ 6 4 ♥ A 8 ♦ V 9 4 3 ♣ R V 8 6 2	N O E S	♠ V 10 7 5 2 ♥ 10 9 7 5 4 ♦ 10 ♣ D 4
	♠ A D 9 ♥ V 2 ♦ A D 6 5 ♣ 10 9 7 3	

PRINCIPE : L'une des armes du déclarant à Sans-Atout est le blocage de la couleur adverse.

Songez-y, sur l'entame du 7, par exemple, quand vous détenez :

A 10 9 x x x	ou	A V 9 x x x

Plongez immédiatement de l'As.

DONNE N° 31

♠ 8 7
♥ D V 10 4
♦ A 6 3 2
♣ 7 6 5
N / O E / S
♠ A R 5 4
♥ 2
♦ R D 9 4
♣ A R 4 3

Vulnérables : Est-Ouest.

Donneur : Sud.

S	O	N	E
1 ♦	-	1 ♥	-
1 ♠	-	2 ♦	-
2 SA	-	3 SA...	

Entame : 10 de Trèfle.

Quelles sont les levées sûres ?

- 2 à Pique
- 3 (ou 4) à Carreau
- 2 à Trèfle

7 plis

Où trouver les 8ème et 9ème levées ?

Il n'y a rien à espérer des Piques.

Nous trouverons la huitième levée à Carreau si la couleur est 3-2 (68 %).

A Trèfle, nous affranchirons un pli de longueur si le résidu est 3-3 (36 %) ; toutefois, l'entame du 10 de Trèfle (la couleur non nommée) semble provenir d'un doubleton et il est à craindre que la couleur ne soit partagée 4-2.

A Cœur, nous disposons de D V 10, la 9ème levée sera donc trouvée dans cette couleur, mais songeons que nos communications sont peu nombreuses.

Combien de rentrées au mort sont-elles indispensables ?

Il en faut deux, une pour rejouer Cœur, l'autre permettant d'accéder à la Dame de Cœur affranchie.

Apparemment, nous n'en possédons qu'une : l'As de Carreau.

Entrevoyez-vous une solution ? N'existe-t-il pas entre les deux mains une seconde rentrée au mort ?

Si, à Carreau, à condition de jouer avec soin. Nous tirerons d'abord Roi-Dame et, si les deux adversaires fournissent , comme nous l'espérons (hypothèse de nécessité), la couleur Carreau se présentera ainsi :

A 6
9 4

Comment faudra-t-il continuer ?

Nous partirons du 9 de la main pour l'As, nous présenterons le Valet de Cœur (défausse du 4 de Pique) et, grâce au déblocage "interne", nous pourrons rejoindre le mort en prenant le 4 de Carreau du 6.

Est-il souhaitable de laisser passer l'entame ?

On peut envisager de laisser passer le 10 de Trèfle. Ainsi, si l'adversaire persiste dans cette couleur, nous vérifierons ultérieurement le partage des Trèfles : 3-3 ou 4-2. Mais, si Ouest décide d'abandonner les Trèfles et de contre-attaquer immédiatement Pique, nous perdrons un Trèfle, deux Cœurs et deux Piques : le contrat sera mis en échec.

Par conséquent, ne courons aucun risque, prenons la première levée de l'As de Trèfle pour entreprendre immédiatement l'affranchissement d'un pli à Cœur.

	♠ 8 7 ♥ D V 10 4 ♦ A 6 3 2 ♣ 7 6 5	
♠ V 10 9 6 ♥ A 8 6 5 ♦ V 8 7 ♣ 10 8	N O E S	♠ D 3 2 ♥ R 9 7 3 ♦ 10 5 ♣ D V 9 2
	♠ A R 5 4 ♥ 2 ♦ R D 9 4 ♣ A R 4 3	

PRINCIPE : Le maniement d'une couleur où vous possédez tous les plis doit toujours être effectué avec soin : prenez en considération les rentrées qui seront ultérieurement indispensables à l'exploitation des couleurs annexes.

Exemple :

ARD4 V652	Quatre rentrées en Nord sont possibles si la couleur est partagée 3-2 : (As-Roi pour vérifier la répartition, puis le Valet sous la Dame et, enfin, le 2 pour le 4).

DONNE N° 32

♠ V 6 2
♥ A
♦ D V 4 3
♣ R D 9 8 7

N
O E
S

♠ A 10 7 4
♥ R V 3
♦ A 2
♣ V 10 6 5

Vulnérables : Nord-Sud.

Donneur : Ouest.

S	O	N	E
	-	1 ♣	-
1 ♠	-	2 ♣	-
3 SA...			

Entame : 6 de Cœur.

Comptez vos plis immédiats :

- 1 à Pique
- 2 à Cœur
- 1 à Carreau

4 levées, votre objectif est d'en affranchir 5.

Quelles sont les couleurs exploitables ?

- Les Trèfles vont fournir quatre plis sans problème.

- A Pique, les espérances sont restreintes, car le Valet et le 10 sont séparés et, en l'absence du 9, il est nécessaire qu'Est possède Roi-Dame.

- A Carreau, il est possible d'établir un pli.

Au total, les Trèfles et les Carreaux sont les deux couleurs attractives.

Dans quel ordre les jouerez-vous ?

Il est tentant de s'attaquer d'abord à la couleur la plus longue et la plus solide, les Trèfles ; toutefois, vous ne possédez plus que le Roi et le Valet dans la couleur d'entame ; **à quoi serez-vous exposé si l'As de Trèfle se trouve en Est ?**

Ce dernier s'empressera de prendre et vous serez " traversé " à Cœur. Le Valet sera pris par la Dame d'Ouest qui affranchira sa longue.

Peut-être le Roi de Carreau lui permettra-t-il ensuite de reprendre la main.

Un déclarant prévoyant se doit de réprimer son désir d'affranchir en premier lieu sa plus belle couleur : au deuxième pli, il partira à bon escient de la Dame de Carreau. Ouest prendra du Roi, mais ne pourra continuer d'affranchir sa longue sous peine de se jeter dans la fourchette Roi-Valet. Par voie de conséquence, Sud établira ses Trèfles en tout quiétude.

	♠ V 6 2 ♥ A ♦ D V 4 3 ♣ R D 9 8 7	
♠ R 8 5 ♥ D 10 7 6 2 ♦ R 10 9 5 ♣ 4	N O E S	♠ D 9 3 ♥ 9 8 5 4 ♦ 8 7 6 ♣ A 3 2
	♠ A 10 7 4 ♥ R V 3 ♦ A 2 ♣ V 10 6 5	

PRINCIPE : On apprend à un débutant à se préoccuper d'abord de ses couleurs les plus solides (notamment, celles où il faut faire sauter un As de préférence à celles où il manque un Roi).

Ce principe souffre cependant de nombreuses exceptions dues à la présence d'un adversaire plus dangereux que l'autre.

Ainsi, non seulement il convenait, comme nous venons de le constater, de commencer par les Carreaux, mais encore était-il nécessaire d'y pratiquer une impasse agressive en partant de la Dame plutôt que de recourir au maniement classique : As puis petit vers Dame Valet.

En effet, deux impératifs s'imposaient :

- Affranchir rapidement un pli dans la couleur.
- Eviter qu'Est ne prenne la main.

DONNE N° 33

♠ D 7 6
♥ 9 3
♦ 8 6
♣ A D V 9 8 3

	N	
O		E
	S	

♠ A V 10
♥ A R 7 2
♦ R D 5 3
♣ 10 2

Vulnérables : Nord-Sud.

Donneur : Sud.

S	O	N	E
1 SA	-	3 SA*...	

* Pas de Texas mineur avec ce genre de main.

Entame : 5 de Pique.

Dénombrez vos plis certains :

- 2 à Pique (après l'entame)
- 2 à Cœur
- 1 à Trèfle

5 levées.

Quelle est la couleur exploitable ?

Les Trèfles, bien sûr !

Vous pouvez espérer que le Roi se trouve chez Ouest : tentez l'impasse en présentant le Valet, puis, s'il tient, rejouez vers As Dame ; dans l'éventualité du Roi 2ème ou 3ème en Ouest, vous réaliserez six plis dans la couleur.

Imaginons que le Roi soit détenu par Est, certes, les cinq levées de Trèfle seraient suffisantes mais n'y-a-t-il pas un danger ?

Est, un bon défenseur, ne prendra pas le 10 de Trèfle de son Roi 3ème ou 4ème, car il a tout intérêt à couper vos communications avec le mort.

N.B. : Un excellent joueur de flanc refusera le Valet même avec le Roi second, il sait que vous renouvellerez l'impasse.

En quoi consistera le problème ?

Il faudra rejoindre le mort.

Comment y parviendrez-vous ?

Une seule carte le permettra : la Dame de Pique.

Quelle déduction tirez-vous de l'entame ?

Est ne détient aucune carte de rang plus élevé que ce 5.
(Règle de 11 : 11 - 5 = 6 cartes supérieures toutes visibles).

Quelles cartes [a) **du mort et** (b) **de votre main**] **sélectionnez-vous au premier pli ?** (Signalons qu'Est jouera le 3).

a) La Dame de pique doit être préservée, fournissez donc un petit Pique du mort.

b) En prévision du Roi de Trèfle 3ème ou 4ème en Est (voire 4ème en Ouest), il est indispensable de réaliser la première levée de l'As de Pique car, en conservant :

Nord : ♠ D 7
Sud : ♠ A 10
vous vous privez de votre rentrée au mort.

Par contre, s'il subsiste : Nord : D 7 / Sud : V 10, vous présenterez le Valet qui sera surpris de la Dame si Ouest fournit petit. De toute façon, cet adversaire sera sans défense.

	♠ D 7 6 ♥ 9 3 ♦ 8 6 ♣ A D V 9 8 3	
♠ R 9 8 5 2 ♥ V 8 6 5 ♦ A 10 4 ♣ 4	N O E S	♠ 4 3 ♥ D 10 4 ♦ V 9 7 2 ♣ R 7 6 5
	♠ A V 10 ♥ A R 7 2 ♦ R D 5 3 ♣ 10 2	

PRINCIPE : Défions-nous de notre instinct d'économie lorsqu'il s'agit des communications.

DONNE N° 34

♠ A 8 2	
♥ R 8 4 3	
♦ 6	
♣ A V 9 5 4	
N / O E / S	
♠ R 7 5	
♥ A D 6	
♦ R D 7 3	
♣ D 10 3	

Vulnérable : Personne.

Donneur : Sud.

S	O	N	E
1 SA	-	2 ♣	-
2 ♦	-	3 ♣	-
3 SA...			

Entame : 5 de Carreau.

Votre nombre de levées ?

- 2 à Pique
- 3 à Cœur
- 1 à Carreau (après l'entame)
- 1 à Trèfle

7 levées.

La couleur affranchissable est aisée à déceler : Trèfle. Vous pourriez même capturer le Roi 4ème en Ouest grâce à vos cartes intermédiaires.

Laissez-vous passer la couleur d'entame ?

Pour répondre à cette question, appliquons la règle de 11 (11 - 5 = 6), elle nous enseigne que les mains de Nord, Est et Sud comportent six cartes supérieures au 5 ; comme quatre d'entre elles sont visibles, on déduit qu'Est en détient deux. Si l'une d'elles est l'As, le contrat ne présentera aucune difficulté.

Ce n'est qu'après cette réflexion préliminaire que nous appelons le 6 du mort. Le 9 apparaît à droite.

Avant de jouer machinalement, réfléchissez au problème posé.

Tout d'abord, quelle est la répartition qui doit retenir votre attention ?

Le partage 5-3, car si les Carreaux sont 4-4, vous ne perdrez au pire que quatre plis.

Ce premier point réglé, tentez de déterminer **avec précision** les cartes respectives d'Est et Ouest dans la couleur d'entame.

Est a fourni le 9, sa teneur doit être 10 9 x. **Pourquoi ?**

- Avec 9 8 x : il aurait fourni le 8 (la plus faible des équivalentes) ;
- Avec V 9 x : le Valet (la plus forte) ;
- Avec A 9 x : l'As (idem).

Dans le cas des Carreaux 5-3, Ouest possède A V 8 5 x et Est, 10 9 x.

Que se passera-t-il dans l'éventualité où vous prenez le 9 ?

Si Est a le Roi de Trèfle, il rejouera le 10 de Carreau dans cette position.

♦ A V 8 x ♦ 10 x

♦ D 7 3

et vous devrez concéder une levée de chute.

Que préconisez-vous ?

De laisser passer le 9 de Carreau.

Est rejoue effectivement le 10, notre hypothèse s'avère fondée.

Couvrez-vous ?

Toujours pas, car Ouest va à son tour laisser passer votre Roi et il conservera une fourchette lui permettant de battre le contrat :

♦ A V 8 ♦ x

♦ D 7

Il faut donc fournir petit une deuxième fois et les adversaires seront impuissants à réaliser plus de quatre levées. Vous aurez coupé leurs communications.

♠ A 8 2
♥ R 8 4 3
♦ 6
♣ A V 9 5 4

♠ D 6
♥ 10 9 7 2
♦ A V 8 5 2
♣ 7 6

N
O E
S

♠ V 10 9 4 3
♥ V 5
♦ 10 9 4
♣ R 8 2

♠ R 7 5
♥ A D 6
♦ R D 7 3
♣ D 10 3

PRINCIPE : Dans le domaine des laisser-passer, seule une réflexion approfondie, assortie d'une déduction de l'entame (Règle de 11), peut guider vers la solution gagnante.

DONNE N° 35

♠ 7 2	
♥ A V 4 3	
♦ A 9 8	
♣ A 8 6 2	
N / O E / S	
♠ A 10	
♥ D 10 9	
♦ R V 10 5 4	
♣ R 7 3	

Vulnérables : Tous.

Donneur : Ouest.

S	O	N	E
	-	1 ♣	-
1 ♦	1 ♠	-	-
3 SA...			

Entame : Roi de Pique.

Est-il utile de laisser passer le Roi de Pique ?

Ce laisser-passer a peu de chances d'être efficace, car vous ne possédez que quatre cartes à Pique.

Toutefois, comme vous ne craignez aucune contre-attaque, ne prenez qu'au second tour, vous couperez les communications si d'aventure les Piques adverses sont répartis 7-2.

Combien de plis sûrs détenez-vous ?

- 1 à Pique
- 1 à Cœur
- 2 à Carreau
- 2 à Trèfle

6 levées.

Où allez-vous établir les trois plis faisant défaut ?

- Soit à Carreau, en “devinant“ l'"emplacement de la Dame,
- Soit à Cœur, à condition que le Roi soit situé à gauche.

Quel est le risque ?

Vous ne disposez d'aucun droit à l'erreur ; tout faux-pas (choix de la "mauvaise" impasse) sera irrémédiablement sanctionné, car les deux adversaires sont dangereux. Peut-être, avez-vous la chance d'être de temps à autre " visité par les Dieux ", mais si tel n'est pas le cas, vous avez intérêt à vous en remettre à la solution technique.

En quoi consiste-t-elle ?

Lorsque vous êtes confronté à un choix d'impasses qui s'avère crucial, tâchez de **combiner** les chances.

Qu'est-ce à dire dans le cas qui nous intéresse ?

Plutôt que de tout miser sur l'une des deux impasses, tirez vos deux cartes maîtresses à Carreau. De deux choses l'une :

- La Dame de Carreau est sèche ou seconde, vos soucis s'évanouissent ;

- Elle n'apparaît pas, vous recourez à l'impasse au Roi de Cœur.

En procédant ainsi, vous ne jouez pas qu'à une chance sur deux, mais à :

(6 %	+	28 %)	=	34 %	+	33 %	=	67 %.
(Dame sèche)		(Dame seconde)				(50 % des chances restantes)		

Récapitulons le déroulement du coup :

As de Pique de la main. As et Roi de Carreau (au 2ème tour de la couleur, **Ouest fournit la Dame.**

Vous êtes maintenant à la tête de neuf levées : **il ne coûte rien de tendre un piège à Ouest. Lequel ?**

Présentez la Dame de Cœur. S'il possède le Roi et qu'il ne s'est pas remis de ses émotions, il commettra peut-être la faute de couvrir, mais, quoi qu'il arrive, appelez l'As de Cœur afin d'encaisser vos neuf plis bien mérités.

	♠ 7 2 ♥ A V 4 3 ♦ A 9 8 ♣ A 8 6 2	
♠ R D V 9 6 ♥ 5 2 ♦ D 7 ♣ V 9 5 4	N O E S	♠ 8 5 4 3 ♥ R 8 7 6 ♦ 6 3 2 ♣ D 10
	♠ A 10 ♥ D 10 9 ♦ R V 10 5 4 ♣ R 7 3	

PRINCIPE : Chaque fois que vous devez choisir entre plusieurs impasses, sans avoir obtenu de renseignement probant (une ouverture ou un passe sont fréquemment riches d'enseignements), demandez-vous d'abord si l'un des deux adversaires est plus dangereux que l'autre ; il est possible que ce facteur primordial n'intervienne pas, dans ce cas, pensez à combiner les chances : cherchez à capturer un Honneur court ; si cette première manœuvre n'aboutit pas, tentez l'impasse dans l'autre couleur.

DONNE N° 36

♠ 7 5
♥ 9 6
♦ V 10 9 8 6
♣ A R 5 2

N
O E
S

♠ A D 3
♥ D 8 5
♦ A D 7 3
♣ D 10 8

Vulnérables : Tous.

Donneur : Sud.

S	O	N	E
1 SA	-	3 SA*...	

* Au nom des plus-values, couleur cinquième bien liée et rentrées annexes.

Entame : 4 de Pique pour le Valet d'Est.

Comptez les plis :

- 2 à Pique (après l'entame)
- 1 à Carreau
- 3 à Trèfle

6 levées immédiates. Les Carreaux en fourniront 3 ou 4 supplémentaires selon la place du Roi.

Imaginez que l'impasse échoue, que risque-t-il de survenir ?

Ouest saura que vous gardez encore les Piques au moyen de l'As. De son point de vue, la seule chance de vous faire chuter résidera dans une contre-attaque à Cœur et la défense réalisera un minimum de cinq levées (sauf cas d'As Roi de Cœur en Est).

Il est donc souhaitable de trouver un moyen d'inciter Ouest à rejouer Pique.

L'avez-vous découvert ?

Il faut tromper cet adversaire. Au lieu de prendre, comme cela semble normal, le Valet de Pique de la Dame, masquez cette dernière et fournissez l'As.

Ouest sera persuadé que son partenaire détient Dame et Valet de Pique et , une fois qu'il aura pris la main au Roi de Carreau, nul doute qu'il s'empressera de rejouer petit Pique pour la Dame présumée de son vis-à-vis.

Imaginez son désappointement quand vous revendiquerez le pli.

	♠ 7 5 ♥ 9 6 ♦ V 10 9 8 6 ♣ A R 5 2	
♠ R 10 8 4 2 ♥ R V 7 3 ♦ R 4 ♣ 9 6	N O E S	♠ V 9 6 ♥ A 10 4 2 ♦ 5 2 ♣ V 7 4 3
	♠ A D 3 ♥ D 8 5 ♦ A D 7 3 ♣ D 10 8	

PRINCIPE : Une bonne technique est généralement suffisante pour vous donner les meilleures chances de gagner vos contrats. Mais l'emploi d'une ruse bien choisie pourra, dans certains cas, venir à votre secours.

DONNE N° 37

♠ A D V	
♥ R 8 6	
♦ 9 5 2	
♣ R 6 5 4	
N / O E / S	
♠ R 7 6 3	
♥ A D 5 4	
♦ A D	
♣ A D 2	

Vulnérables : Nord-Sud.

Donneur : Est.

S	O	N	E
			-
2 SA	-	6 SA...	

Entame : Valet de Trèfle.

Combien de levées dénombrez-vous ?

- 4 à Pique
- 3 à Cœur
- 1 à Carreau
- 3 à Trèfle

11 levées.

Où pouvez-vous trouver le douzième pli ?

- A Cœur ou à Trèfle } Si la couleur est 3-3 ;
- A Carreau, si le Roi est favorablement placé.

Par quelle manœuvre débuterez-vous : l'impasse ou la vérification des partages ?

Lorsqu'il ne manque qu'une levée et que vous détenez une fourchette, tentez de compter les distributions adverses car, en fin de coup, vous pourrez fréquemment remettre en main l'un des défenseurs : celui-ci sera contraint d'attaquer lui-même la couleur cruciale. En conséquence, l'impasse doit être différée...

Comment opérez-vous pour compter les mains ?

Vous encaissez vos cartes maîtresses et, lorsqu'un adversaire ne fournit plus, vous obtenez de précieux renseignements permettant de les reconstruire.

L'entame est prise en main, de quelle façon jouez-vous le coup ?

Vous tirez trois coups de Pique (les défenseurs fournissent chacun trois fois) et rentrez en Sud grâce à l'As de Cœur. Sur le Roi de Pique, chaque adversaire défausse un petit Carreau (Nord également).

Le troisième tour de Cœur vous apprend qu'Ouest en possède deux, il défausse de nouveau un petit Carreau (donc : pas de salut à Cœur pour la douzième levée).

Vous tirez la Dame de Trèfle, puis le Roi, et cette fois-ci c'est Est qui défausse un Carreau : le 6 de Trèfle n'est donc pas maître ; cependant, tout n'est pas perdu et, demandez-vous avant de recourir à l'impasse au Roi de Carreau : **Combien de cartes reste-t-il chez chaque joueur ? Et quelles sont-elles ?**

Vous avez encaissé dix plis et les cartes restantes sont :

Nord :	Sud :
♠ -	♠ -
♥ -	♥ 5
♦ 9 5	♦ A D
♣ 6	♣ -

(la main est en Nord)

De quelle manière terminez-vous et pourquoi ?

Les deux mains d'Ouest et d'Est sont parfaitement connues :

• Ouest possédait à l'origine trois cartes à Pique, deux à Cœur, quatre à Trèfle et, par conséquent, quatre à Carreau.

• Est, lui, détenait trois Piques, quatre Cœurs, deux Trèfles et, également, quatre Carreaux.

Il reste en Ouest un Trèfle et deux Carreaux, en Est, il subsiste un Cœur et aussi deux Carreaux.

A ce stade, le coup est aisé à gagner : il suffit de rejouer le 6 de Trèfle du mort et de défausser le 5 de Cœur de la main : quel que soit le détenteur du Roi de Carreau, vous réaliserez deux plis : avouez qu'il est préférable de jouer à 100 % plutôt qu'avec une chance sur deux de réussite.

	N	
	♠ A D V ♥ R 8 6 ♦ 9 5 2 ♣ R 6 5 4	
O ♠ 10 8 2 ♥ V 7 ♦ R 6 4 3 ♣ V 10 9 7		**E** ♠ 9 5 4 ♥ 10 9 3 2 ♦ V 10 8 7 ♣ 8 3
	S ♠ R 7 6 3 ♥ A D 5 4 ♦ A D ♣ A D 2	

PRINCIPE : Entraînez-vous à compter les mains adverses et efforcez-vous de prévoir mentalement de quelle manière le coup se déroulera.

DONNE N° 38

♠ D 10 9
♥ A 9
♦ A D 8 3
♣ R 9 5 4

N
O E
S

♠ A V 8 2
♥ R 8 4
♦ V 10 6
♣ A V 3

Vulnérables : Tous.

Donneur : Sud.

S	O	N	E
1 ♣	-	1 ♦	-
1 ♠	-	2 ♥*	-
2 SA	-	3 SA...	

* Quatrième couleur.

Entame : 7 de Cœur.

Combien de plis immédiats possédez-vous ?

- 1 à Pique
- 2 à Cœur
- 1 à Carreau
- 2 à Trèfle

6 plis, il faut en trouver 3.

Quelle déduction tirez-vous de l'entame ? Quel est l'adversaire dangereux ?

Le 7 de Cœur ne peut être une 4ème meilleure (comme vous voyez quatre cartes supérieures au 7, cela signifierait qu'Ouest possède D V 10 7 et, dans ce cas, il aurait attaqué de sa tête de séquence) ; il s'agit plutôt de ce que les Anglais appellent "The top of nothing" : D V 10 de Cœur 4èmes, 5èmes ou 6èmes peuvent être localisés en Est. C'est donc ce dernier qui sera considéré comme l'adversaire dangereux.

Où allez-vous affranchir les levées manquantes ?

A Pique ou à Carreau. Avec l'un des Rois bien placé, vous aurez immédiatement gagné ; mais, si l'impasse par laquelle vous avez choisi de commencer échoue, vous serez obligé de tenter l'autre.

Laissez-vous passer l'entame ?

Oui, car ce laisser-passer ne coûte rien et il sera rémunérateur si les Cœurs sont partagés 5-3 ou 6-2.

Est couvre le 9 du 10 (ce qui confirme l'analyse initiale) et rejoue le 5 pour votre As.

Par quelle couleur commencez-vous ?

Il est indispensable de désarmer d'abord l'adversaire dangereux, c'est-à-dire Est.

Comme il ne pourra reprendre la main qu'à Carreau, commencez par cette couleur.

Vous rentrez donc en main à l'As de Trèfle et avancez le Valet de Carreau. Est prend du Roi et rejoue Cœur.

Vous remontez au mort à Carreau et essayez l'impasse au Roi de Pique ; elle échoue, mais Ouest ne communique plus avec son partenaire.

	♠ D 10 9 ♥ A 9 ♦ A D 8 3 ♣ R 9 5 4	
♠ R 6 ♥ 7 6 2 ♦ 9 7 5 4 ♣ D 10 6 2	N O E S	♠ 7 5 4 3 ♥ D V 10 5 3 ♦ R 2 ♣ 8 7
	♠ A V 8 2 ♥ R 8 4 ♦ V 10 6 ♣ A V 3	

PRINCIPE : L'entame peut apporter des informations extrêmement importantes, et, dans la plupart des cas, elle permettra d'identifier l'adversaire dangereux.

DONNE N° 39

♠ R 7 4
♥ 7 5 3 2
♦ V 5 4
♣ 8 6 4

N
O E
S

♠ A D V
♥ A R 8
♦ R 9 2
♣ A D V 2

Vulnérables : Tous.
Donneur : Sud.

S	O	N	E
2 ♣*	-	2 ♦	-
2 SA	-	3 ♣**	-
3 ♦	-	3 SA...	

* Albarran.
** Sur la redemande à 2 SA suivant une ouverture forcing de manche, qui ne montre pas nécessairement une main régulière, il est judicieux d'utiliser le Stayman même avec une main 4-3-3-3.
Entame : 7 de Carreau (Est fournira l'As).

Combien de levées sûres comptez-vous ?

- 3 à Pique
- 2 à Cœur
- 1 à Carreau (après l'entame)
- 1 à Trèfle

7 plis certains. Il en manque 2.

Quelles sont les possibilités de réaliser des plis supplémentaires ?

Il est évident que les Trèfles offrent de meilleures perspectives que les Cœurs ; c'est cette couleur qu'il convient d'exploiter en tentant l'impasse au Roi.

Dans l'état actuel des choses, de combien de rentrées au mort disposons-nous pour pratiquer cette impasse ?

D'une seule, le Roi de Pique. Elle permettra d'établir les deux levées souhaitées si le Roi de Trèfle est bien placé - second ou troisième - mais elle sera insuffisante dans le cas du Roi 4ème (or, la répartition 4-2 est la plus fréquente : 48 % des cas).

Sommes-nous en mesure de surmonter cet écueil ?

Oui, puisque nous possédons A D V et que l'impasse peut être répétée. Mais pour ce faire, nous avons besoin d'une seconde rentrée au mort.

Voyez-vous le moyen d'en créer une ?

La règle de 11 nous apprend que l'As de Carreau est la seule carte d'Est supérieure à celle d'entame, le 7. La Dame est donc affichée en Ouest et le Valet devient une rentrée potentielle.

A quelle condition ?

Que vous fournissiez le Roi de Carreau sur l'As ! Grâce à cet astucieux déblocage, vous vous serez créé cette rentrée supplémentaire sans qu'il vous en coûte une levée ; il sera alors possible de tenter deux fois l'impasse au Roi de Trèfle au lieu d'une.

L'examen du diagramme montre que cette manœuvre assure le gain du contrat.

	♠ R 7 4 ♥ 7 5 3 2 ♦ V 5 4 ♣ 8 6 4	
♠ 8 3 ♥ V 9 6 4 ♦ D 10 8 7 6 ♣ 5 3	N O E S	♠ 10 9 6 5 2 ♥ D 10 ♦ A 3 ♣ R 10 9 7
	♠ A D V ♥ A R 8 ♦ R 9 2 ♣ A D V 2	

PRINCIPE : Ne cédez jamais à des automatismes quand vous fournissez une carte : ménagez-vous un maximum de rentrées qui pourront être utiles par la suite (pour permettre des impasses ou aller encaisser une couleur affranchie).

DONNE N° 40

♠ A 8 7 ♥ V 4 ♦ A 9 6 ♣ 8 7 6 5 2 N O E S ♠ D V 10 2 ♥ A 10 3 ♦ D V 10 7 ♣ A R

Vulnérable : Personne.

Donneur : Ouest.

S	O	N	E
	-	-	-
1 SA	-	3 SA...	

Entame A : 2 de Cœur.

Entame B : 7 de Cœur.

Dans les deux cas, Est fournit la Dame.

Quel est le total des plis immédiats ?

- 1 à Pique
- 1 à Cœur
- 1 à Carreau
- 2 à Trèfle

5 levées.

- **Entame A : 2 de Cœur. Que vous apprend-elle ?**

Selon toute vraisemblance, les Cœurs adverses sont 4-4.

Dans ces conditions, prenez-vous ou laissez-vous passer la Dame de Cœur ?

Le fait de prendre immédiatement vous assure un sixième pli. Il suffit de tenter, si besoin est, les deux impasses à Pique et à Carreau. Au pire, vous concéderez quatre levées : deux Cœurs et les deux Rois.

- **Entame B : 7 de Cœur.**

Le rang de la carte d'entame modifie sensiblement les données du problèmes. **Pourquoi ?**

• Si ce 7 provient d'une couleur seulement quatrième, la ligne de jeu examinée ci-dessus est la bonne.

• Si, par contre, les Cœurs d'Ouest sont cinquièmes et que les deux impasses échouent, **quel est le danger qui vous menace ?**

Le premier pli est gagné grâce à l'As de Cœur, puis Est prend la main à Pique ou à Carreau, il continue Cœur : son partenaire laisse passer. Comme vous ne détenez que huit plis, vous devez tenter la seconde impasse. Si elle rate, la défense s'adjuge cinq levées : les deux Rois, ainsi que trois Cœurs.

En quoi consisterait alors la ligne gagnante ?

Il faudrait renoncer volontairement à une levée de Cœur en laissant passer deux fois cette couleur, comme si l'As n'était accompagné que de petites cartes (Règle de 7) : Est serait impuissant à rendre la main à son partenaire et vous ne concéderiez que quatre levées. Par malheur, ce laisser-passer s'avèrerait fatal en cas de partage 4-4 à Cœur.

Existe-t-il une méthode qui vous guidera à tous coups vers la bonne solution ?

Non ; deux facteurs peuvent toutefois infléchir votre décision :

- la "spontanéité" avec laquelle Ouest a choisi la carte d'entame : il est, à coup sûr, plus attrayant d'entamer à Sans-Atout dans un gros Honneur $5^{\text{ème}}$ que $4^{\text{ème}}$.

- Par ailleurs, un 7 sera plus fréquemment issu d'une couleur $5^{\text{ème}}$.

Au total, il est donc préférable de pratiquer un double laisser-passer (voir le diagramme de la Donne B).

Donne A :

	♠ A 8 7 ♥ V 4 ♦ A 9 6 ♣ 8 7 6 5 2	
♠ 9 6 3 ♥ R 9 8 2 ♦ 5 4 3 2 ♣ D 4	N O E S	♠ R 5 4 ♥ D 7 6 5 ♦ R 8 ♣ V 10 9 3
	♠ D V 10 2 ♥ A 10 3 ♦ D V 10 7 ♣ A R	

Donne B :

	♠ A 8 7 ♥ V 4 ♦ A 9 6 ♣ 8 7 6 5 2	
♠ 9 3 ♥ R 9 8 7 2 ♦ 5 4 3 2 ♣ D 4	N O E S	♠ R 6 5 4 ♥ D 6 5 ♦ R 8 ♣ V 10 9 3
	♠ D V 10 2 ♥ A 10 3 ♦ D V 10 7 ♣ A R	

PRINCIPE : Lorsque vous risquez d'abandonner la main deux fois pour gagner un contrat et que vous possédez dans la couleur d'entame l'As accompagné du Valet et du 10, vous êtes confronté à un dilemme : faut-il prendre ou bien laisser passer le gros Honneur d'Est ? Le rang de la carte d'entame vous apportera des éléments de réponse ...

DONNE N° 41

♠ D 10 4
♥ A D 6 5 2
♦ A D 5
♣ 10 8
N / O E / S
♠ R 8 2
♥ 4 3
♦ R V 4
♣ R D V 9 6

Vulnérables : Nord-Sud.

Donneur : Nord.

S	O	N	E
		1 ♥	1 ♠
2 ♣	-	2 ♥	-
3 SA...			

Entame : 7 de Pique.

Combien de levées certaines comptez-vous ?

- 1 à Pique (après l'entame)
- 1 à Cœur
- 3 à Carreau

5, il faut établir 4 plis.

Passez en revue les couleurs qui peuvent les fournir :

- A Cœur, même si vous trouvez le Roi troisième en Ouest, il manque toutes les cartes intermédiaires pour y affranchir quatre plis.

- La couleur Trèfle les procurera à elle seule quand vous aurez fait sauter l'As.

Toutefois, un danger vous menace. Lequel ?

Supposons que sur l'entame vous jouiez le 4 du mort : Est fournira le 9 ; si vous laissez passer ce pli et qu'Est possède l'As de Trèfle, il affranchira sa couleur et vous chuterez inéluctablement .

De même, si vous prenez du Roi de Pique et que ce soit Ouest qui possède l'As de Trèfle, il continuera petit Pique : D10 seront pris en impasse et Est vous fera chuter en défilant sa couleur.

Peut-être, faut-il alors fournir le 10 du mort ? Le problème n'est pas résolu pour autant car Est le couvrira du Valet et attendra patiemment qu'Ouest rejoue Pique.

Le problème est-il insoluble ?

Bien sûr que non, il existe une solution qui permettra de gagner infailliblement ; nous la signalons, car elle va à l'encontre du réflexe consistant à laisser venir l'entame vers l'Honneur de la main en conservant une fourchette au mort.

Même si votre partenaire approche la main du 4 de Pique, appelez avec fermeté la Dame du mort.

Comprenez le mécanisme de cette technique : vous savez qu'Est possède A V 9 x x (déduction des enchères et de l'entame) ; en sélectionnant la Dame, vous l'obligez à prendre tout de suite de l'As (en effet, s'il laissait passer, il vous ferait cadeau d'un deuxième pli dans la couleur). De surcroît, la combinaison 10 4/R 8 lui interdit de rejouer lui-même la couleur. Il perd un temps et c'est alors vous qui gagnez la course à l'affranchissement.

	♠ D 10 4 ♥ A D 6 5 2 ♦ A D 5 ♣ 10 8	
♠ 7 3 ♥ V 10 8 ♦ 10 7 3 2 ♣ A 7 5 2	N O E S	♠ A V 9 6 5 ♥ R 9 7 ♦ 9 8 6 ♣ 4 3
	♠ R 8 2 ♥ 4 3 ♦ R V 4 ♣ R D V 9 6	

PRINCIPE : Ce blocage de la couleur adverse à la première levée vous a sans doute impressionné, mais sa réussite impliquait nécessairement la présence de D 10 x au mort. Or, il est évident que le coup n'aurait présenté aucune difficulté s'il avait été joué de la bonne main.

Au lieu de conclure prématurément à 3 SA, Sud aurait dû utiliser le cue-bid à 2 ♠, enchère invitant son partenaire à nommer les Sans-Atout avec un arrêt ou un demi-arrêt dans la couleur adverse. Vous pouvez d'ailleurs remarquer que la seule présence de la Dame de Pique seconde en Nord suffit à assurer deux arrêts après une entame Pique venant d'Est.

DONNE N° 42

♠ V 7 5
♥ R 9 3
♦ R V 8 2
♣ V 6 4
N / O E / S
♠ D 8 2
♥ A 7
♦ A D 5
♣ D 7 5 3 2

Vulnérables : Est-Ouest.

Donneur : Sud.

S	O	N	E
1 ♣	-	1 ♦*	-
1 SA...			

* La réponse de 1 SA, montrant une main balancée de 8 à 10 points sur l'ouverture de 1♣, eût été meilleure.

Entame : 2 de Cœur.

Comptez vos plis immédiats.

- 2 à Cœur
- 4 à Carreau

6 levées, 1 pli supplémentaire suffira.

Que déduisez-vous de l'entame du 2 de Cœur ?

Les Cœurs sont certainement partagés 4-4.

Quelles sont les caractéristiques d'une couleur telle que V x x en face de D x x ?

Si vous la jouez vous-même, vous aurez très peu de chances d'y réaliser un pli.

Par contre, si c'est l'adversaire qui l'attaque, vous gagnerez à coup sûr une levée en fournissant petit sur la première carte.

Opérez la synthèse de ces deux réponses et une solution gagnante apparaîtra clairement.

Prenez immédiatement de l'As de Cœur (un laisser-passer serait fatal puisqu'il ne vous resterait pas de carte de sortie). Eliminez les Carreaux de la défense en réalisant vos quatre plis dans cette couleur (au 4ème tour, défaussez le 2 de Trèfle de votre main). Ensuite, jouez vous-même Roi de Cœur et Cœur en jetant un autre Trèfle. Les Cœurs étant partagés 4-4 (déduction de l'entame), les adversaires ne pourront en rejouer qu'une fois.

Que défaussez-vous sur ce pli ?

Un Trèfle d'un côté et un Pique de l'autre.

Il vous restera alors à ♠ V x/D x x et à ♣ V x x/D x.

Après leurs deux plis de Cœur, Est-Ouest ne pourront que tirer As Roi de Pique et As Roi de Trèfle et, selon la carte qu'aura conservée le dernier défenseur en main, vous réaliserez la 7ème levée à Trèfle ou bien à Pique.

	♠ V 7 5 ♥ R 9 3 ♦ R V 8 2 ♣ V 6 4	
♠ R 6 4 ♥ D 10 5 2 ♦ 9 6 3 ♣ A 10 9	N O E S	♠ A 10 9 3 ♥ V 8 6 4 ♦ 10 7 4 ♣ R 8
	♠ D 8 2 ♥ A 7 ♦ A D 5 ♣ D 7 5 3 2	

PRINCIPE : L'élimination-placement de main est une technique courante dans les jeux à la couleur car la coupe et défausse menace la défense et l'oblige à livrer une levée ; toutefois, à Sans-Atout aussi, il est possible d'adopter une manœuvre similaire.

N'omettez pas de conserver une carte qui permettra une remise en main ultérieure.

DONNE N° 43

♠ A 6 3 ♥ 6 4 ♦ A D V 8 ♣ D 10 9 2
N O E S
♠ R 9 ♥ A D 3 ♦ 10 9 5 2 ♣ R V 8 5

Vulnérables : Tous.

Donneur : Sud.

S	O	N	E
1 ♦	-	2 ♣	-
2 SA	-	3 SA...	

Entame : Valet de Cœur.

Répertoriez les gagnantes :

- 2 à Pique
- 2 à Cœur (après l'entame)
- 1 à Carreau

5 plis.

Où trouver les levées manquantes ?

Il faut établir quatre levées et les deux couleurs mineures doivent être exploitées, aucune des deux n'étant suffisante à elle seule.

Dans quel ordre affranchissez-vous ces deux couleurs ?

Pour éviter qu'Ouest ne conserve une rentrée, il sera nécessaire de jouer d'abord Trèfle, puis Carreau car, dans cette dernière couleur, Est est le seul à pouvoir reprendre la main (cas des Cœurs 5-3). Vous devriez avoir parfaitement assimilé cette technique déjà évoquée.

Sur le Valet de Cœur, Est fournit le Roi.

Prenez-vous immédiatement ?

Avec deux arrêts dans la couleur d'entame et deux couleurs à affranchir, le laisser-passer est nécessaire, mais ici, une défense pourrait vous gêner.

Laquelle ?

Une contre-attaque à Pique, car vous n'y détenez que cinq cartes et deux arrêts. Or, il vous faudra abandonner la main à l'As de Trèfle puis, éventuellement, au Roi de Carreau. Vous risqueriez alors de perdre, en plus de ces deux plis, un Cœur et deux ou trois Piques.

Vous prenez donc immédiatement de l'As de Cœur et délogez l'As de Trèfle. Ouest prend au deuxième tour et rejoue le 10 de Cœur.

Comment réagissez-vous ?

Maintenant, vous devez absolument laisser passer au cas où les Cœurs sont 5-3 (hypothèse de crainte). Cette manœuvre ne coûte rien s'ils sont répartis 4-4.

Vous prenez le troisième tour de Cœur et, à ce stade seulement, tentez l'impasse au Roi de Carreau.

	♠ A 6 3 ♥ 6 4 ♦ A D V 8 ♣ D 10 9 2	
♠ 7 4 2 ♥ V 10 9 7 5 ♦ 6 4 3 ♣ A 4	N O E S	♠ D V 10 8 5 ♥ R 8 2 ♦ R 7 ♣ 7 6 3
	♠ R 9 ♥ A D 3 ♦ 10 9 5 2 ♣ R V 8 5	

PRINCIPE : Chaque fois que vous devez affranchir deux couleurs et que vous craignez une contre-attaque dangereuse, il peut être judicieux (avec deux arrêts dans la couleur d'entame) de prendre tout de suite puis de laisser passer au deuxième tour afin de couper les communications entre les mains adverses.

Vous mettez alors en pratique un **laisser-passer différé.**

DONNE N° 44

♠ 9
♥ R D 7 6 3
♦ A R 5
♣ R D 9 3

N
O E
S

♠ A R 6 2
♥ V 5
♦ D 6 2
♣ V 10 8 2

Vulnérables : Est-Ouest.

Donneur : Ouest.

S	O	N	E
	1 ♠	contre	-
2 SA	-	3 ♥	-
3 SA...			

Entame : Dame de Pique.

Réflexion préliminaire.

Ouest a ouvert et vous parvenez à un total de 28 points d'Honneur en Nord-Sud. Les 12 points manquants sont obligatoirement possédés par Ouest.

Combien de plis dénombrez-vous ?

- 2 à Pique
- 3 à Carreau

5 levées.

Quelles sont les couleurs exploitables ?

- Les Cœurs, mais ils n'apporteront quatre plis qu'en cas de partage 3-3. (Souvenez-vous que cette répartition n'existe que dans 36 % des Cas).

- Les Trèfles, eux, ne fourniront malheureusement que trois levées. Ils ne peuvent donc, à eux seuls, permettre de gagner le contrat.

Il semble raisonnable de vérifier d'abord la répartition des Cœurs, mais si cette couleur n'est pas partagée 3-3, vous perdrez la course à l'affranchissement : Ouest encaissera ses deux As et au moins trois Piques.

N'êtes-vous cependant pas en mesure de découvrir une ligne de jeu gagnante ?

Il faut gagner un pli à Cœur sans qu'Ouest puisse capturer l'un de vos Honneurs, et tout de suite après passer aux Trèfles.

Comment procédez-vous ?

Prenez immédiatement l'entame du Roi de Pique (il ne sert à rien de laisser passer puisque tous les points sont en Ouest) et présentez le ... 5 de Cœur. Ouest est sans défense.

- S'il plonge de l'As, vous réaliserez quatre plis à Cœur (sauf cas improbable de l'As sec) et vous n'aurez nul besoin de toucher aux Trèfles.

- S'il fournit petit, mettez le Roi de Cœur et délogez l'As de Trèfle sans perdre un instant.

	♠ 9 ♥ R D 7 6 3 ♦ A R 5 ♣ R D 9 3	
♠ D V 10 8 5 ♥ A 10 8 2 ♦ V 8 ♣ A 7	N O E S	♠ 7 4 3 ♥ 9 4 ♦ 10 9 7 4 3 ♣ 6 5 4
	♠ A R 6 2 ♥ V 5 ♦ D 6 2 ♣ V 10 8 2	

PRINCIPE : Tenez toujours compte des enchères adverses au moment où vous optez pour une ligne de jeu. Vous pourrez de la sorte réussir une manœuvre inhabituelle telle que le **contretemps** que nous venons d'exposer. (Cette technique est également dénommée **manœuvre de Milton WORK**).

DONNE N° 45

♠ 9 3 ♥ 7 ♦ 8 6 2 ♣ A R V 9 6 4 3 N O E S ♠ A R D 7 ♥ A R D ♦ A R D V ♣ 10 5	Vulnérables : Nord-Sud. Donneur : Nord.

S	O	N	E
		3 ♣	-
4 SA	-	5 ♦	-
5 SA	-	6 ♦	-
7 SA...			

Entame : Valet de Cœur.

Les levées doivent être comptées :

- 3 à Pique
- 3 à Cœur
- 4 à Carreau
- 2 à Trèfle

12 plis.

De quoi dépendra le succès de ce grand chelem ?

A Trèfle, vous détenez neuf cartes sans la Dame : sa capture (As et Roi en tête ou impasse sur Ouest) conditionnera la réussite de ce contrat.

Quel maniement les probabilités préconisent-elles ?

De tirer As et Roi car il existe plus de chances que la Dame soit seconde que troisième.

Lorsqu'un déclarant est confronté à un tel dilemme, n'existe-t-il pas une technique susceptible de lui venir en aide ? Laquelle ?

Si, le compte des mains. On tire les plis sûrs dans les couleurs adjacentes et on espère recueillir des renseignements sur la composition des mains adverses.

Vous prenez l'entame du Valet de Cœur de l'As et jouez Trèfle pour l'As. Ouest fournit le 2 et Est le 8 (si Est avait défaussé, vous n'aviez plus qu'à tabler).

Vous rentrez en main à Carreau et tirez vos gagnantes en surveillant attentivement les cartes de chacun des adversaires :

- Sur Roi et Dame de Cœur, les deux adversaires fournissent.

• A Carreau, Ouest suit une deuxième fois, puis défausse un Cœur.

• A Pique, Ouest fournit le 6 et le Valet, ensuite il jette de nouveau un Cœur.

Quelles sont donc les mains des adversaires ? (Celle d'Est devrait être connue).

Vous savez par inférence qu'il possède cinq Piques, trois Cœurs, quatre Carreaux et donc un seul Trèfle, le 8.

Par conséquent, Ouest détient la Dame de Trèfle et l'impasse sera gagnante.

	♠ 9 3 ♥ 7 ♦ 8 6 2 ♣ A R V 9 6 4 3	
♠ V 6 ♥ V 10 9 5 4 3 ♦ 10 5 ♣ D 7 2	N O E S	♠ 10 8 5 4 2 ♥ 8 6 2 ♦ 9 7 4 3 ♣ 8
	♠ A R D 7 ♥ A R D ♦ A R D V ♣ 10 5	

PRINCIPE : Chaque fois qu'un choix crucial s'offre à vous et que vous hésitez entre une impasse et un partage, n'omettez pas d'essayer de compter les mains des défenseurs : très souvent, vous y parviendrez lorsqu'un adversaire défaussera tandis que vous défilez vos cartes maîtresses.

Votre décision sera alors prise en parfaite connaissance de cause.

DONNE N° 46

♠ D V 4
♥ R 7
♦ V 10 8 5 3
♣ 8 5 2

N
O E
S

♠ A 6 2
♥ A D 10
♦ D 9 6 2
♣ A D V

Vulnérables : Tous.

Donneur : Sud.

S	O	N	E
1 ♣	-	1 ♦	1 ♠
2 SA*	-	3 SA...	

* ou 2♠ cue-bid.

Entame : 8 de Pique.

Réflexion préliminaire.

Est a annoncé 1♠, couleur où il possède sans nul doute au moins cinq cartes par R 10 9, puisqu'Ouest a entamé du 8 (doubleton ou singleton).

Combien de gagnantes immédiates ?

- 2 à Pique (après l'entame)
- 3 à Cœur
- 1 à Trèfle

6 levées.

Où escomptez-vous trouver les trois levées manquantes ?

L'impasse à Trèfle est insuffisante, il faudra donc nécessairement jouer Carreau.

Combien d'arrêts possédez-vous à Pique ?

Deux, or il faudra faire tomber As et Roi de Carreau ; si ces deux Honneurs sont en Est, la défense sortira victorieuse de la course à l'affranchissement (trois plis à Pique + As et Roi de Carreau).

Que faut-il donc espérer ?

Qu'Ouest possède au moins l'un des deux gros Honneurs à Carreau (hypothèse de nécessité) et qu'il ne puisse rejouer Pique : de la sorte, il ne pourra contribuer à l'affranchissement de la couleur de son partenaire.

Imaginons d'abord que vous fournissiez au premier pli la Dame ou le Valet de Pique, comme votre instinct vous y incite.

Si Est couvre du Roi, comment réagirez-vous ?

Vous laisserez passer ce pli, Est rejouera Pique pris de l'As. Vous pourrez alors tranquillement affranchir vos Carreaux. Ouest sera démuni de Pique et la défense sera réduite à l'impuissance grâce à votre laisser-passer du premier pli.

Cette ligne de jeu semble être la bonne. Cependant, supposez que vous jouiez contre un défenseur qui, lui non plus, ne fournit pas, comme on le dit familièrement, “la plus près du pouce”.

Quelle parade mettra-t-il en œuvre ?

Il ne couvrira pas la Dame de Pique, il se contentera d'appeler et conservera la fourchette R 10 sur le Valet du mort. Lorsque vous entreprendrez l'affranchissement des Carreaux, Ouest plongera immédiatement de son gros Honneur (il doit se montrer digne de son vis-à-vis) et rejouera son second Pique. Soumis à un tel flanc, le contrat chutera irrémédiablement.

La décision (qui pourtant semble “normale”) de fournir la Dame ou le Valet de Pique à la première levée n'est donc pas satisfaisante.

N'existe-t-il pas de remède ?

Bien sûr que si. Il suffit de fournir a l'entame petit Pique des deux mains ! Ouest continuera Pique mais ne pourra en rejouer que lorsqu'il aura pris la main à Carreau. (Si Est surprend le 8 de Pique de son partenaire du 9, fournissez encore petit et laissez courir le retour Pique vers D V du mort).

Nord :
♠ D V 4
♥ R 7
♦ V 10 8 5 3
♣ 8 5 2

Ouest :
♠ 8 3
♥ V 8 6 5 4 3 2
♦ R 4
♣ 7 4

Est :
♠ R 10 9 7 5
♥ 9
♦ A 7
♣ R 10 9 6 3

(N / O E / S)

Sud :
♠ A 6 2
♥ A D 10
♦ D 9 6 2
♣ A D V

PRINCIPE : Avant de rejouer précipitamment la première carte du mort, songez toujours à la façon dont le coup se déroulera ultérieurement. Les interventions fournissent des informations dont les défenseurs ne doivent pas être les seuls à bénéficier.

DONNE N° 47

♠ A R 8 5
♥ 6 5 4
♦ 9 5 4
♣ A D 6
N / O E / S
♠ 7 6
♥ A 10 9
♦ A R 6 3 2
♣ R 7 5

Vulnérable : Personne.

Donneur : Sud.

S	O	N	E
1 ♦	1 ♥	1 ♠	-
1 SA	-	2 ♥*	-
2 SA	-	3 SA...	

* Cue-bid destiné à vérifier la présence d'un arrêt à Cœur que Sud ne possède pas nécessairement.

Entame : 3 de Cœur.

Comptons ensemble les plis certains :

- 2 à Pique
- 1 à Cœur
- 2 à Carreau
- 3 à Trèfle

8 levées. Un pli supplémentaire suffira.

Laissez-vous passer l'entame ? Combien de fois ?

Naturellement, et en vertu de la règle de 7, nous n'esquicherons Cœur qu'une fois.

Dans quelle couleur est-il envisageable d'affranchir une levée ?

La seule chance réside dans l'exploitation des Carreaux ; en cas de partage 3-2 (68 % des chances), deux plis de longueur peuvent y être établis.

Mais à quelle condition réussirons-nous le contrat ?

Il faut que ce soit Est qui possède les trois cartes ; de la sorte, Ouest, l'adversaire dangereux, ne reprendra pas la main. Il semble donc suffisant (après le laisser-passer) de tirer As-Roi de Carreau et d'espérer qu'Ouest détienne un doubleton.

N'existe-t-il pas toutefois une position gagnante avec trois Carreaux en Ouest et deux seulement en Est ?

Si, mais il est alors nécessaire qu'Est soit le possesseur de la Dame seconde ; en jouant deux fois vers As Roi, vous assurerez votre contrat en recourant à la manoeuvre baptisée le “Baiser à la Reine” .

Voyons en détail comment le coup doit se dérouler. Vous laissez passer une seule fois Cœur. Puis, vous montez au mort pour vous attaquer aux Carreaux (si vous jouiez l'As, Est serait capable de débloquer la Dame). Au premier tour, Est fournit le 7.

Et vous ?

L'As.

Comment continuez-vous ?

Vous remontez au mort à Trèfle et rejouez le 4 de Carreau, la Dame apparaît en Est.

Que suggérez-vous ?

De laisser Est en main pour gagner le contrat contre toute défense !

	Nord	
	♠ A R 8 5 ♥ 6 5 4 ♦ 9 5 4 ♣ A D 6	
Ouest ♠ D 10 9 ♥ R D 7 3 2 ♦ V 10 8 ♣ 10 8	N O E S	**Est** ♠ V 4 3 2 ♥ V 8 ♦ D 7 ♣ V 9 4 3 2
	♠ 7 6 ♥ A 10 9 ♦ A R 6 3 2 ♣ R 7 5	

PRINCIPE : Nous espérons que vous avez assimilé cette jolie technique du **Baiser à la Reine** qui améliore notablement le pourcentage de réussite d'un contrat à Sans-Atout (mais parfois aussi à la couleur).

La faculté d'imaginer les répartitions et les positions d'Honneurs qui permettent le gain d'un contrat, puis de jouer en conséquence, est la marque d'un bon joueur.

N.B. : **Voyez-vous pourquoi il était important de prendre Cœur au deuxième tour ?**

Simplement pour éviter à Est de faire preuve, lui aussi, d'une brillante technique. Soucieux de créer une rentrée chez son partenaire, il aurait pu se débarrasser de sa Dame de Carreau sur le troisième tour de Cœur (défense connue sous le nom de **"Coup de l'Empereur"**).

DONNE N° 48

♠ R 6 5 3 ♥ D 9 ♦ R V 7 ♣ A 10 4 3	
N O E S	
♠ A D ♥ A V 10 ♦ 10 9 4 3 2 ♣ R 6 5	

Vulnérables : Est-Ouest.

Donneur : Sud.

S	O	N	E
1 ♦	-	1 ♠	-
1 SA	-	3 SA...	

Entame : 4 de Cœur.

(A la première levée, Est fournira le 2 de Cœur sur la Dame du mort).

Comptez vos levées certaines :

- 3 à pique
- 2 à Cœur (après l'entame)
- 2 à Trèfle

7 plis sûrs.

Où établirez-vous les deux levées manquantes ?

Incontestablement à Carreau.

En quoi consiste le maniement d'une telle couleur ?

A jouer vers R V dans l'espoir que la Dame soit favorablement placée.

Il semble donc qu'il faille, après la Dame de Cœur, rentrer en main à Pique et jouer petit Carreau vers la fourchette du mort ; le gain du contrat dépendra de l'emplacement de la Dame : si elle se trouve en Est, vous serez traversé à Cœur et il faudra espérer cette couleur répartie 4-4 (vous concéderez alors uniquement As et Dame de Carreau, ainsi que 2 Cœurs). Dans le cas d'un partage 5-3, vous ne prendrez pas le deuxième Cœur et prierez très fort pour que l'As de Carreau soit en Est.

N'existe-t-il pas une ligne de jeu qui présente un fort pourcentage de réussite malgré la Dame de Carreau en Est, l'As en Ouest et les Cœurs 5-3 ?

Si, à condition de tendre un piège à votre adversaire de droite.

Imaginez qu'au deuxième pli, vous jouiez "négligemment" le 7 de Carreau vers 10 9 de votre main. Est pensera, tout naturellement, que vous possédez l'As. Il lui sera très difficile de plonger de la Dame car, en agissant de la sorte, il pourrait fort bien vous faire cadeau de la manche.

Et si la Dame de Carreau se situe malgré tout en Ouest, qu'adviendra-t-il si vous mettez en application la ligne de jeu préconisée ?

Absolument rien de grave, car Ouest ne peut continuer Cœur sans se jeter dans votre fourchette As-Valet, il devra switcher et vous aurez alors tout loisir de déloger l'As de Carreau pour affranchir trois levées supplémentaires et vous adjuger dix plis.

	♠ R 6 5 3 ♥ D 9 ♦ R V 7 ♣ A 10 4 3	
♠ 10 8 7 ♥ R 8 6 4 3 ♦ A 5 ♣ V 9 2	N O E S	♠ V 9 4 2 ♥ 7 5 2 ♦ D 8 6 ♣ D 8 7
	♠ A D ♥ A V 10 ♦ 10 9 4 3 2 ♣ R 6 5	

PRINCIPE : Vous serez fréquemment amené à recourir à des maniements de couleur peu orthodoxes pour éviter qu'un adversaire dangereux ne prenne la main prématurément. Si vous agissez en tout début de coup, le défenseur en question ne possèdera pas encore les éléments susceptibles de le mettre sur la bonne voie.

DONNE N° 49

♠ 7 5
♥ 8 5 4 3
♦ A R D 4 2
♣ 6 3

N
O E
S

♠ A R 9
♥ A 10
♦ 10 9 8 5
♣ A D 7 2

Vulnérables : Nord-Sud.

Donneur : Nord.

S	O	N	E
		-	-
1 SA	-	2 ♣	-
2 ♦	-	3 SA...	

Entame : Roi de Cœur.

Opérez le compte des plis immédiats :

- 2 à Pique
- 1 à Cœur
- 3 à Carreau
- 1 à Trèfle

7 levées.

Comment envisagez-vous la réussite du contrat ?

Grâce aux Carreaux, naturellement ; vous y possédez neuf cartes et, de prime abord, seule la répartition 4-0 (9,5 % des cas) semble préoccupante. D'ailleurs, si ce partage existe, la position favorable du Roi de Trèfle procurera la neuvième levée.

Vous devriez donc, semble-t-il, gagner ce contrat sans trop de problèmes.

Efforcez-vous, malgré tout, de déceler le risque qui vous menace, si vous n'y prenez pas garde ?

A Carreau, vous possédez : A R D 4 2 en face de 10 9 8 5 et le mort ne comporte aucune rentrée extérieure.

Que surviendra-t-il en fonction des répartitions 2-2 et 3-1 ?

• Avec les Carreaux 2-2 : aucun problème ; As et Roi d'abord, puis le 2 pour le 10 et le 5 vers la Dame, vous vous trouverez alors en Nord et encaisserez le cinquième Carreau.

• Si, par contre, le Valet de Carreau est troisième, vous serez dans l'obligation de jouer As, Roi et Dame et n'aurez ensuite aucun moyen de bénéficier du 5ème Carreau : la couleur sera bloquée - la 4ème carte de la main étant supérieure au 4 et au 2 de Nord.

Entrevoyez-vous un remède à cet état de choses ?

Une première solution paraît s'imposer : après avoir constaté que le Valet de Carreau est 3ème, vous profitez de votre présence au mort pour tenter l'impasse au Roi de Trèfle.

N'existe-t-il pourtant pas une meilleure chance ?

Si, il faut songer à un déblocage. En admettant que vous puissiez défausser un Carreau de la main sur une autre couleur, votre longue se développerait sans obstacle.

Quelle est-elle ?

La couleur d'entame : Cœur.

A quelle condition ?

Qu'elle soit partagée 4-3 ou 5-2. Quand l'adversaire tirera ses Cœurs maîtres, vous vous débarrasserez de l'un de vos Carreaux.

Quelle est la manœuvre nécessaire à la 1ère levée ?

Il faut laisser passer l'entame pour vérifier sans risque qu'Est possède un deuxième Cœur et que la couleur est au pire partagée 5-2.

Par conséquent, vous esquichez le Roi de Cœur (Est fournit le 2), Ouest continue de la Dame que vous prenez de l'As (vous voyez apparaître le 7 en Est).

Et ensuite ?

Vous tirez As et Roi de Carreau (afin de connaître le résidu) : au deuxième tour, Ouest défausse le 2 de Pique.

Comment continuez-vous ?

Tout est en place : jouez le 5 de Cœur du mort pour ... un Carreau de la main. Peu vous chaut qu'Ouest encaisse ses deux autres Cœurs maîtres, rien ne pourra vous interdire de bénéficier des trois plis de Carreau auxquels vous avez droit. Vous vous adjugerez : deux levées à Pique, une à Cœur, cinq à Carreau et une à Trèfle. A la vue du diagramme, vous comprendrez que toute autre ligne de jeu eût échoué.

Et si les Cœurs avaient été : 6-1 ?

Après la découverte du Valet de Carreau troisième, l'impasse au Roi de Trèfle eût constitué la seule chance.

	Nord ♠ 7 5 ♥ 8 5 4 3 ♦ A R D 4 2 ♣ 6 3	
♠ V 6 2 ♥ R D V 9 6 ♦ 7 ♣ R V 9 4	N O E S	♠ D 10 8 4 3 ♥ 7 2 ♦ V 6 3 ♣ 10 8 5
	Sud ♠ A R 9 ♥ A 10 ♦ 10 9 8 5 ♣ A D 7 2	

> **PRINCIPE :** Soyez attentif au rôle primordial que peuvent jouer les basses cartes dans les couleurs que vous projetez de développer : ne vous laissez pas surprendre par un blocage de votre longue, car les mesures à prendre doivent être envisagées en tout début de coup.

TABLE GÉNÉRALE

Supposons que vous désiriez obtenir quelques éclaircissements sur un sujet déterminé. Rien de plus aisé : reportez-vous à cette partie centrale et vous connaîtrez instantanément la référence de donnes relatives à votre problème particulier.

N.B. : Ont été attribués un chiffre aux donnes explicatives de la première partie et une lettre à celles des exercices.

Le problème crucial à Sans-Atout : L'adversaire dangereux.

Il faut absolument éviter de rendre la main à ce défenseur, principalement pour deux raisons :

a) Il détient une longue : 1-8-12 B-21-27-38-47-A.

b) Votre arrêt dans une couleur risque d'être pris en impasse : 12 A-28-34-41-G-J-R.

Les remèdes sont divers :

1 - Le laisser-passer.

a) le laisser-passer classique : 1-12 A.

b) En application de la règle de 7 : 8-16-40 B.

c) Les laisser-passer particuliers :

- le coup de Bath : 15,
- avec R D x x : 34,
- avec D V x en face de A x x : 46,
- le laisser-passer différé : 43,
- le laisser-passer en appelant : 23-P.

N.B. : il faut toutefois être conscient qu'un laisser-passer peut s'avérer fatal. Il s'agit, par exemple, de :

- se protéger d'une contre-attaque dangereuse : 18-24,
- bloquer la couleur adverse : 30,
- garder une carte de sortie en vue d'un placement de main ultérieur : 42-O-V,
- se créer un second arrêt : 5-40 A,
- conserver une tenue : 12 B.

2 - L'impasse orientée : 27-J-G.

3 - Le refus d'impasse : 21-28-A.

4 - Le Baiser à la Reine : 47-R.

5 - La technique du "Fort en second" : 41-D.

6 - Le contretemps : 44-X.

7 - L'ordre dans lequel les couleurs doivent être affranchies : 16-19-32-38-Q-Z.

Les problèmes de communication ne sont pas à négliger : 3-4-14-25-29-31-33-39-49-F-H-I-L-N-U-W-Y.

Les maniements de couleur et les jeux de sécurité : 6-9-17-20-22-26-C-E-I-K.

La course à l'affranchissement : 2-7-13-B.

Les probabilités et la combinaison des chances : 10-35.

Les déductions à tirer de l'entame ou des enchères : 11-38-42-46-B-D-O-Z.

Le compte des mains : 37-45-M-S.

Le placement de main : 37-42-O-S-V.

Les jeux psychologiques : 23-36-48-P.

EXERCICES

Pour la résolution de ces exercices, nous suggérons une méthode adaptée à votre niveau.

Les débutants auront intérêt à avancer progressivement, c'est-à-dire à ne passer à la question suivante qu'après avoir vérifié la justesse de leur réponse.

Les joueurs moyens devraient être capables de lire l'ensemble des questions et de résoudre globalement le problème.

Les joueurs confirmés s'évertueront à se poser eux-mêmes les questions indispensables sans prendre connaissance au préalable de celles que nous avons proposées.

EXERCICE A

♠ A R 5
♥ 4 3 2
♦ D 9 6 5 4
♣ D 7

	N	
O		E
	S	

♠ D 6 4
♥ D V 8
♦ A V 10 2
♣ A R 3

Vulnérables : Est-Ouest.

Donneur : Nord.

S	O	N	E
		-	-
1 SA	-	3 SA...	

Entame : 6 de Cœur (le Roi en Est).

Les adversaires jouent trois fois Cœur (au 3ème tour, Est défausse le 2 de Trèfle). Vous êtes en main à la Dame de Cœur.

QUESTIONS :

1°) Combien de plis certains comptez-vous ?

2°) Comment mettez-vous un maximum de chances de votre côté ? Que faut-il espérer pour mener le contrat à bien ?

REPONSES :

1°) Vous possédez :

- 3 plis à Pique
- 1 à Cœur
- 1 à Carreau
- 3 à Trèfle

8 levées, ce contrat semble en bonne voie.

2°) Il faut cependant à tout prix éviter Ouest, car il possède deux plis affranchis. L'alternative est claire : si Est détient le Roi de Carreau, vous ne courez aucun risque ; par contre, avec cet Honneur en Ouest, le contrat semble désespéré, sauf dans le cas où il est... **sec**. Nul doute que vous avez maintenant découvert la meilleure ligne de jeu : montez au mort à Pique, présentez la Dame de Carreau (on ne sait jamais, Est couvrira peut-être ; de toute façon, cette manœuvre ne coûte rien). Est fournit le 3, vous plongez de l'As et capturez le... Roi sec d'Ouest. Gageons que ce dernier vous considèrera désormais d'un œil méfiant...

Et si le Roi de Carreau se trouve chez Est ? Vous aurez certes perdu une levée, mais le contrat ne sera pas mis en danger, car cet adversaire est inoffensif.

	♠ A R 5 ♥ 4 3 2 ♦ D 9 6 5 4 ♣ D 7	
♠ 8 7 3 ♥ A 9 7 6 5 ♦ R ♣ 10 6 5 4	N O E S	♠ V 10 9 2 ♥ R 10 ♦ 8 7 3 ♣ V 9 8 2
	♠ D 6 4 ♥ D V 8 ♦ A V 10 2 ♣ A R 3	

EXERCICE B

♠ R D 6
♥ 4 3
♦ D 8 3
♣ A 6 5 4 2

N
O E
S

♠ A V 10 3
♥ A 10 9
♦ R 10 2
♣ R 9 7

Vulnérables : Est-Ouest.

Donneur : Est.

S	O	N	E
			-
1 SA*	-	3 SA...	

* Au nom des nombreuses plus-values.

Entame : 2 de Cœur.

(Au deuxième tour de Cœur, Est repartira du 5).

QUESTIONS :

1°) Quel est le total des levées immédiates ?

2°) **a)** Que concluez-vous de l'entame ? **b)** Laissez-vous passer ?

3°) Où trouvez-vous les levées manquantes ? [Au préalable, pensez, comme toujours, à compter les plis de la défense].

REPONSES :

1°) Vous possédez sept levées sûres :
- 4 à Pique,
- 1 à Cœur,
- 2 à Trèfle.

2°) a) Les Cœurs sont, selon toute vraisemblance 4-4, si l'on en croit l'entame du 2 (vous vous remémorez sans doute cette déduction précédemment évoquée...).

Certes, peut-être qu'Ouest a-t-il “menti” à l'entame, mais après avoir pris du Roi de Cœur, Est a rejoué le 5, sa plus basse carte, comme il est d'usage avec un résidu de trois cartes.

b) Oui, laissez passer deux fois : vous ne craignez aucune contre-attaque ; au contraire, un switch de la défense serait le bienvenu.

3°) Au premier abord, il semble qu'il faille jouer sur la répartition 3-2 des Trèfles (68 % des cas), mais si on prend la précaution de compter les plis de la défense, on parvient au total de cinq : trois Cœurs, un Carreau (l'As) et un Trèfle volontairement concédé.

Cette ligne de jeu étant vouée à l'échec, vous n'avez pas le choix, il faut espérer développer deux plis à Carreau en trouvant le Valet chez Est (50 % des chances) : au quatrième pli, jouez le 2 de Carreau pour la Dame qui tient (la place de l'As est d'ailleurs sans importance) : continuez du 3 et fournissez le 10 de la main : par chance, il contraint Ouest à prendre de l'As ; le contrat est gagné grâce à : quatre plis à Pique, un à Cœur, deux à Carreau et deux à Trèfle.

N.B. : Il était loisible d'encaisser les quatre Piques avant de s'attaquer aux Carreaux puisqu'on n'était confronté à aucun problème de communication ni de défausse.

	♠ R D 6 ♥ 4 3 ♦ D 8 3 ♣ A 6 5 4 2	
♠ 9 5 4 ♥ D V 6 2 ♦ A 7 5 ♣ D 10 8	N O E S	♠ 8 7 2 ♥ R 8 7 5 ♦ V 9 6 4 ♣ V 3
	♠ A V 10 3 ♥ A 10 9 ♦ R 10 2 ♣ R 9 7	

EXERCICE C

♠ D 7 6
♥ A 8 4
♦ D V 5 4 3
♣ 6 2
N / O E / S
♠ A V
♥ R 10 7
♦ A 9 6 2
♣ A 10 8 4

Vulnérable : Personne.

Donneur :Ouest.

S	O	N	E
	-	-	-
1 SA	-	3 SA...	

Entame : 5 de Pique.

QUESTIONS :

1°) Combien de plis immédiats possède-t-on ?

2°) Quelle couleur affranchir ?

3°) Pour quel maniement optez-vous ?

REPONSES :

1°) Deux à Pique (après l'entame) + deux à Cœur + un à Carreau + un à Trèfle : vous parvenez au total de six levées, trois plis font défaut.

2°) Les Carreaux, couleur de neuf cartes, seront exploités en priorité.

3°) Souvenez-vous que vous n'avez besoin que de trois plis et que vous conservez un arrêt dans la couleur d'entame (Pique), il faut donc songer à un maniement des Carreaux qui assure quatre levées, quels que soient la répartition et l'emplacement des cartes restantes : le Roi, le 10, le 8 et le 7. (Entraînez-vous à "visualiser" **toutes** les cartes possédées par les flancs, dans les couleurs cruciales).

Vous triompherez aisément de toutes les répartitions 2-2 ou 3-1 ; par conséquent, c'est le partage 4-0 qui doit retenir l'attention (hypothèse de crainte à envisager lorsqu'un contrat "semble" sur table).

Un seul maniement peut mettre à l'abri contre une telle répartition : jouer le 2 de Carreau vers la Dame.

Considérez les deux diagrammes suivants :

Cas **a)**

	D V 5 4 3	
R 10 8 **7**		-
	A 9 6 **2**	

Est ne fournit pas, vous rentrez en main par l'As de Carreau et continuez petit Carreau vers le Valet (Ouest est sans défense, car la rentrée au mort - l'As de Cœur - est intacte).

Cas **b)**

	D V 5 4 3	
-		**R** 10 8 7
	A 9 6 **2**	

Ouest défausse, vous appelez la Dame de Carreau, ensuite vous capturerez le 10 grâce à la fourchette As 9.

Avouez qu'il est déraisonnable d'invoquer la malchance lorsqu'il existe une solution gagnante à 100 %.

	♠ D 7 6 ♥ A 8 4 ♦ D V 5 4 3 ♣ 6 2	
♠ R 9 8 5 4 ♥ V 6 3 2 ♦ - ♣ V 7 5 3	N O E S	♠ 10 3 2 ♥ D 9 5 ♦ R 10 8 7 ♣ R D 9
	♠ A V ♥ R 10 7 ♦ A 9 6 2 ♣ A 10 8 4	

Nous tenions à rappeler les deux **attitudes** opposées qu'un bon bridgeur se doit d'adopter en fonction des circonstances :

• Résolument **optimiste** en face d'un contrat désespéré : "j'ai besoin de trouver les cartes placées ou réparties de telle ou telle façon précise et je joue en conformité avec cette analyse", tel doit être son raisonnement (hypothèse de nécessité).

• Foncièrement **pessimiste** en face d'un contrat semblant "sur table" : "quelle est la répartition (même rarissime) susceptible de mettre ce contrat en danger ? M'est-il permis de prendre - sans risque - les mesures nécessaires pour surmonter cet obstacle éventuel ? Si oui, je joue en conséquence". (Hypothèse de crainte).

EXERCICE D

♠ R 10 4
♥ D 7 6
♦ A V 10 7
♣ D 5 2
N / O E / S
♠ D 6 2
♥ R V 5
♦ R D 9
♣ A V 10 6

Vulnérables : Est-Ouest.

Donneur : Sud.

S	O	N	E
1 SA	-	3 SA...	

Entame : 9 de Pique.

(Entame “classique” - au dire de l’adversaire).

QUESTIONS :

1°) De combien de levées disposez-vous ?

2°) Que déduisez-vous de l'entame ?

3°) Quelle carte du mort fournissez-vous ? Pourquoi ?

4°) Si vous avez joué judicieusement, Est a dû prendre la main au premier pli ; il retourne le 9 de Trèfle, tentez-vous l'impasse au Roi ? Justifiez votre décision.

5°) Quels plis affranchissez-vous ?

REPONSES :

1°) Vous possédez six levées :

- 1 à pique (après l'entame)
- 4 à Carreau
- 1 à Trèfle,

il faut en établir trois.

2°) Le 9 de Pique est incontestablement une "entame pour le partenaire" ; il est logique de supposer l'As et le Valet longs chez Est.

3°) Dans ces conditions, appelez le Roi de Pique.

Il s'agit à la fois de couper les communications entre les mains adverses et d'empêcher Est de revenir impunément dans la couleur d'entame.

4°) Interdisez à Ouest de reprendre la main, il rejouerait Pique avant que vous n'ayez fait tomber l'As de Cœur, rentrée potentielle d'Est.

Le fait que celui-ci contre attaque de 9 de Trèfle (alors qu'il voit la Dame au mort) tend à prouver qu'il ne possède pas le Roi.

Il s'avère donc nécessaire de plonger de l'As de Trèfle.

5°) Vous procédez ensuite à l'affranchissement des deux plis à Cœur. Est prend au deuxième tour : s'il rejoue Pique, il vous offre votre neuvième levée ; il ne peut que donner la main à Ouest au Roi de Trèfle, ceci n'a aucune importance car votre arrêt à Pique est intact et la manche gagne avec une levée de mieux (un Pique + deux Cœurs + quatre Carreaux + trois Trèfles).

Vous avez fondé la réussite du contrat sur une interprétation raisonnée des cartes adverses.

Un lecteur attentif aura certainement décelé que la ligne de jeu préconisée eût échoué si l'As de Cœur et le Roi de Trèfle avaient été inversés, mais il faut savoir accepter qu'un flanc "génial" (ou totalement illogique) prenne parfois le dessus.

Evertuez-vous à tirer des inférences des cartes fournies par les défenseurs, gageons qu'au bout du compte, vous serez largement bénéficiaire.

	♠ R 10 4 ♥ D 7 6 ♦ A V 10 7 ♣ D 5 2	
♠ 9 5 ♥ 9 4 3 2 ♦ 8 5 4 ♣ R 8 7 3	N O E S	♠ A V 8 7 3 ♥ A 10 8 ♦ 6 3 2 ♣ 9 4
	♠ D 6 2 ♥ R V 5 ♦ R D 9 ♣ A V 10 6	

EXERCICE E

♠ A R 3
♥ A D 5
♦ V 10 2
♣ A R 6 4

	N	
O		E
	S	

♠ D 10 9
♥ R V 10
♦ A R 8 5 4
♣ 8 7

Vulnérables : Nord-Sud.

Donneur : Sud.

S	O	N	E
1 ♦	-	2 ♣	-
2 SA	-	6 SA...	

Entame : 9 de Cœur.

QUESTIONS :

1°) Dénombrez les levées certaines.

2°) Une seule couleur est exploitable. Quelle est la distribution adverse posant problème ?

3°) Comment surmontez-vous cet écueil ?

4°) Supposez que votre partenaire ait annoncé 7 SA, de quelle façon manierez-vous les Carreaux ?

REPONSES :

1°) Vous comptez :

- 3 plis à Pique
- 3 à Cœur
- 2 à Carreau
- 2 à Trèfle

10 plis, il est nécessaire d'établir 2 levées.

2°) Seuls, les Carreaux les procureront.

Si vous jouez l'As, puis petit vers V 10, aucun partage 3-2 ou 4-1 ne sera préoccupant, prenez donc en considération le cas où un adversaire possède, à lui seul, les cinq Carreaux manquants : D 9 7 6 3 ; même si cette distribution 5-0 est rarissime, il n'est pas question de la négliger quand un jeu de sécurité assure quatre levées à 100 %.

3°) Pour se protéger contre un partage 5-0 chez n'importe lequel des adversaires, il suffit de jouer petit Carreau vers V 10 :

a) **1er cas** : Ouest défausse, le 9 d'Est sera ensuite pris en impasse.

b) **2ème cas** : Est défausse, vous rentrez en main et rejouez petit vers le mort.

Ouest	Nord / Sud	Est
	♠ A R 3 ♥ A D 5 ♦ V 10 2 ♣ A R 6 4	
♠ V 6 2 ♥ 9 8 7 4 ♦ D 9 7 6 3 ♣ D	N O E S	♠ 8 7 5 4 ♥ 6 3 2 ♦ - ♣ V 10 9 5 3 2
	♠ D 10 9 ♥ R V 10 ♦ A R 8 5 4 ♣ 8 7	

4°) Au contrat de 7 SA, il n'est pas permis de songer à un jeu de sécurité : il faut gagner, coûte que coûte, cinq plis à Carreau et jouer en conséquence ; Est doit posséder la Dame de Carreau seconde, troisième ou quatrième ; tentez immédiatement l'impasse en partant du V (pas de coup de sonde en tirant l'As, car la Dame sera plus souvent quatrième à droite que sèche en Ouest).

La probabilité de réussite de ce contrat peut être évaluée à environ 45 %, ce qui n'est pas fameux si l'on se souvient qu'un grand chelem doit présenter au moins trois chances sur quatre de gain.

EXERCICE F

♠ 8 6 3
♥ V 5 2
♦ A 10 9
♣ 7 6 5 4

	N	
O		E
	S	

♠ A D V 4
♥ D 10 3
♦ R D V
♣ A R 9

Vulnérables : Est-Ouest.

Donneur : Est.

S	O	N	E
			-
2 SA	-	3 SA...	

Entame : 7 de Cœur.

Est fournira l'As de Cœur et en rejouera.

QUESTIONS :

1°) Comptez les levées sûres.

2°) A quelles conditions allez-vous réussir ce contrat ?

3°) Quelle carte de votre main sélectionnez-vous à la première levée ?

REPONSES :

1°) • 1 à Pique
• 1 à Cœur (après l'entame et la continuation)
• 3 à Carreau
• 2 à Trèfle

7 plis certains.

2°) Ce sont les piques qui offrent les meilleures perspectives : vous y affranchirez deux levées :

a) Si Est possède le Roi deuxième ou troisième ;

b) Ou bien, si Ouest détient le Roi troisième(dans ce dernier cas, il faut que les Cœurs ne soient pas 5-2). (L'éventualité du Roi sec est négligeable).

Pourquoi cette précision du Roi "deuxième ou troisième" [a)] ?

Tout simplement, parce qu'il n'existe qu'une seule reprise au mort : l'As de Carreau.

Au premier abord, il semble impossible de renouveler l'impasse et donc de lutter contre un Roi quatrième ou cinquième en Est ; pour surmonter cet obstacle, il faudrait pouvoir rejouer Pique de la main de Nord.

3°) Comment y parvenir ?

La carte d'entame (le 7 de Cœur) montre qu'Est ne possède qu'une seule carte supérieure, l'As, qu'il vient de fournir. Jetez donc la Dame et vous pourrez , sans problème, remonter en Nord grâce à la rentrée du Valet (*).

Cette manche gagnera donc avec le Roi de Pique en Est - quelle que soit la répartition de la couleur - à condition que le déclarant joue attentivement.

(*) Si vous conservez la Dame de Cœur, Ouest aura toute facilité pour vous priver de cette précieuse communication.

Nord :
♠ 8 6 3
♥ V 5 2
♦ A 10 9
♣ 7 6 5 4

Ouest :
♠ 9
♥ R 9 8 7 4
♦ 6 4 2
♣ V 8 3 2

Est :
♠ R 10 7 5 2
♥ A 6
♦ 8 7 5 3
♣ D 10

Sud :
♠ A D V 4
♥ D 10 3
♦ R D V
♣ A R 9

EXERCICE G

♠ 8 5
♥ R V 10 2
♦ A V 7 6
♣ A D V

N
O E
S

♠ R V 10
♥ A 9
♦ D 10 5 3
♣ R 10 9 4

Vulnérables: Nord-Sud.

Donneur : Ouest.

S	O	N	E
	2 ♠*	x	-
3 SA...			

* 2 Majeur Faible : 6 cartes - 6-10 PH.

Entame : 7 de Pique (le 6 en Est).

QUESTIONS :

1°) Quels sont les plis sûrs ?
2°) Que faut-il craindre ? Quelle couleur exploiterez-vous ?
3°) De quelle façon ?

REPONSES :

1°) • 1 pli à Pique (après l'entame)
• 2 à Cœur
• 1 à Carreau
• 4 à Trèfle

8 levées immédiates.

2°) L'ouverture de 2♠ faible et la carte fournie par Est (le 6) permettent de conclure à As Dame sixièmes en Ouest.

Une ouverture de 2 faible ne comportant que de 6 à 10 PH, Ouest peut tout au plus posséder, outre ses Honneurs à Pique, le Roi de Carreau **ou** la Dame de Cœur.

Imaginons qu'une impasse au Roi de Carreau ou à la Dame de Cœur soit tentée sur Ouest et qu'elle échoue, la chute est alors inéluctable.

Souvenez-vous qu'une seule et unique levée est suffisante, affranchissez-la à Cœur, mais en vous gardant bien qu'Est ne puisse prendre la main ; dans ce dessein, jouez Cœur du mort et passez le 9 de votre main : si Ouest le capture avec la Dame, le contrat est assuré : il repartira sans doute petit Carreau, appelez promptement l'As et encaissez vos neuf plis.

3°) Récapitulons le déroulement du coup : 10 de Pique à la première levée, 4 de Trèfle pour la Dame, 2 de Cœur vers le 9 qui tient, As de Cœur, puis petit Trèfle pour l'As (attention au blocage !), Roi de Cœur (la Dame est peut-être troisième, mais ce n'est malheureusement pas le cas). Valet de Trèfle pris du Roi, 10 de Trèfle et enfin, l'As de Carreau : neuf levées sont vôtres.

	♠ 8 5 ♥ R V 10 2 ♦ A V 7 6 ♣ A D V	
Ouest ♠ A D 9 7 4 3 ♥ 6 5 4 ♦ 9 2 ♣ 8 6	N O E S	**Est** ♠ 6 2 ♥ D 8 7 3 ♦ R 8 4 ♣ 7 5 3 2
	♠ R V 10 ♥ A 9 ♦ D 10 5 3 ♣ R 10 9 4	

EXERCICE H

♠ A D 7 4 2
♥ R V 10
♦ A R 6
♣ R 3

N
O E
S

♠ 6 5
♥ A 3
♦ 5 4 2
♣ D V 10 9 8 6

Vulnérables : Nord-Sud.

Donneur : Nord.

S	O	N	E
		1 ♠	-
1 SA	-	3 SA...	

Entame : 4 de Cœur.

QUESTIONS :

1°) Combien de levées certaines dénombrez-vous ?

2°) Quelle couleur affranchirez-vous ?

3°) Quelle carte du mort fournissez-vous à la première levée ? Pour quelle raison ?

REPONSES :

1°) • 1 à Pique
• 2 à Cœur (3 après l'entame, mais la prudence est de mise...)
• 2 à Carreau

5 plis, il en manque 4.

2°) Ce sont naturellement les Trèfles que vous exploiterez, ils fourniront cinq plis lorsque vous aurez délogé l'As. (Naturellement, vous jouerez le Roi, puis le 3 vers la Dame, et persisterez jusqu'à ce que l'As apparaisse).

3°) De prime abord, l'entame Cœur semble favorable, elle vous évite, en effet, de deviner l'emplacement de la Dame.

Soyez cependant sur vos gardes : il est à parier qu'un déclarant inattentif va insouciamment appeler le 10 de Cœur, tout content de bénéficier de l'impasse gratuite offerte à l'entame.

Or, que risque-t-il d'arriver ? Le 10 de Cœur sera peut-être couvert par la Dame et Sud devra dire adieu à son contrat : il sera contraint de prendre de l'As et ne sera plus en mesure d'accéder aux Trèfles.

Avant de céder à son instinct de gourmandise, il eût mieux fait d'imaginer comment le coup se déroulerait et, dans ce dessein, préserver l'unique rentrée de sa main : l'As de Cœur ; une seule carte est par conséquent correcte au premier pli : le Roi de Cœur (et tant pis pour le cas où la Dame de Cœur se situe en Ouest).

Les Trèfles seront établis alors qu'aura été sauvegardée la reprise de l'As de Cœur, quatre plis de Trèfle valant bien le sacrifice éventuel d'une levée de Cœur.

Avouez que nombre de joueurs, qui ne prennent pas le temps d'envisager la suite du coup, eussent chuté cette manche sur table contre toute défense.

N.B. : Laisser passer la Dame de Cœur n'aurait servi qu'à chuter d'un pli de plus, car Est n'aurait pas manqué de rejouer cette couleur à la deuxième levée. C'est la première carte du mort qui, comme cela arrive fréquemment, aura conditionné l'issue du contrat.

	♠ A D 7 4 2 ♥ R V 10 ♦ A R 6 ♣ R 3	
♠ 10 ♥ 9 6 5 4 2 ♦ D 8 3 ♣ A 7 5 4	N O E S	♠ R V 9 8 3 ♥ D 8 7 ♦ V 10 9 7 ♣ 2
	♠ 6 5 ♥ A 3 ♦ 5 4 2 ♣ D V 10 9 8 6	

EXERCICE I

♠ 5 3 2
♥ A D 7 4 3
♦ 9 8
♣ 7 6 4
N / O E / S
♠ A D 9
♥ 8 2
♦ A R 6 2
♣ A V 9 5

Vulnérable : Personne.

Donneur : Sud.

S	O	N	E
1 ♦	1 ♠	-	-
1 SA**	-	3 ♥***	-
3 SA...			

* Cette main vaut 19 points.
** 19-20 points (dans cette situation de réouverture).
*** 2♥ serait une enchère trop faible.

Entame : 7 de Pique (pour le 10 d'Est).

QUESTIONS :

1°) De combien de plis disposez-vous ?

2°) Quelles conditions doivent être réunies pour que le contrat gagne ?

3°) Comment jouez-vous donc cette donne ?

REPONSES :

1°) • 2 à Pique (après l'entame)
• 1 à Cœur
• 2 à Carreau
• 1 à Trèfle

6 levées.

2°) Une seule couleur peut apporter les trois plis manquants : les Cœurs. Malheureusement, vous n'y détenez qu'As Dame cinquièmes en face de deux petites cartes sans rentrée extérieure ; pour y affranchir trois levées, il faut qu'elle soit 3-3 et que le Roi soit en Ouest. Cela ne donne que 36 % : 2 = 18 % de chances de réussite. C'est peu, mais il n'existe pas d'autre possibilité de gagner.

3°) L'entame est prise de la Dame de Pique et vous entreprenez l'affranchissement de la longue : 2 de Cœur pour le... 3 du mort. En passant la Dame, vous chuteriez inéluctablement, puisque vous ne bénéficieriez d'aucun pli de longueur (à cause de l'absence de rentrées).

Est gagne la levée avec le 9 et rejoue le 6 de Pique.

Vous prenez de l'As et continuez Cœur : le 8 pour le 10 d'Ouest et la Dame du mort... qui tient ; sur l'As, les deux adversaires fournissent et vous êtes parvenu à vos fins : vous vous êtes affranchi trois levées à Cœur.

Le bridge est un curieux jeu : dans le cas présent, il faut accepter le risque de ne réaliser aucun pli à Cœur (si le Roi est en Est) pour en gagner quatre.

	♠ 5 3 2 ♥ A D 7 4 3 ♦ 9 8 ♣ 7 6 4	
♠ R V 8 7 4 ♥ R 10 6 ♦ 5 3 ♣ D 10 2	N O E S	♠ 10 6 ♥ V 9 5 ♦ D V 10 7 4 ♣ R 8 3
	♠ A D 9 ♥ 8 2 ♦ A R 6 2 ♣ A V 9 5	

EXERCICE J

♠ A R
♥ D 3
♦ A 5 4
♣ A D 10 9 8 2

	N	
O		E
	S	

♠ 9 5 3
♥ R 8 4
♦ D 9 8 7 3
♣ R 7

Vulnérables : Nord-Sud.

Donneur : Ouest.

S	O	N	E
	1 ♥	x	-
1 SA*	-	3 SA...	

* Réponse semi-positive : 7-9 H et un arrêt à Cœur, les Piques sont sans doute gardés par Nord.

Entame : Valet de Cœur.

Réflexion préliminaire : Les mains Nord-Sud possédant 19 H + 8 H = 27 H, tous les Honneurs (à l'exception peut-être d'un Valet) sont détenus par l'ouvreur.

QUESTIONS :

1°) Combien de gagnantes immédiates comptez-vous ?

2°) Quel est le nombre des levées requises ? Où envisagez-vous de les gagner ?

3°) Quelle carte du mort fournissez-vous sur l'entame ?

4°) Pouvez-vous assurer le contrat, et si oui, comment ?

REPONSES :

1°) Vous possédez :

- 2 plis à Pique
- 1 à Cœur (après l'entame)
- 1 à Carreau
- 3 à Trèfle

7 levées certaines.

2°) Deux plis suffisent, c'est bien sûr à Trèfle qu'ils seront établis.

3°) As Valet 10 de Cœur cinquièmes ou sixièmes sont en possession d'Ouest.

En couvrant le Valet de Cœur de la Dame, on conserve encore un arrêt dans la couleur, à condition d'éviter Est.

4°) Si les Trèfles sont 3-2 (68 % des cas) ou si le Valet de Trèfle est soit sec, soit quatrième en Ouest, la réussite de la manche est certaine, **mais qu'arrivera-t-il dans le cas où il est quatrième en Est ?**

Vous devrez rendre la main à l'adversaire de droite et son retour Cœur sera fatal.

Le remède est simple : après l'entame, vous vous trouvez au mort à la Dame de Cœur ; à la deuxième levée, appelez le 2 de Trèfle et passez le 7. De deux choses l'une :

a) Ouest prend la main au Valet de Trèfle : vous avez affranchi les plis manquants et aucun retour n'est dangereux.

b) Ouest fournit petit Trèfle : vous ne craignez plus qu'Est vous “traverse” à Cœur ; le contrat est réussi.

	♠ A R ♥ D 3 ♦ A 5 4 ♣ A D 10 9 8 2	
♠ D V 2 ♥ A V 10 9 2 ♦ R V 10 6 ♣ 4	N O E S	♠ 10 8 7 6 4 ♥ 7 6 5 ♦ 2 ♣ V 6 5 3
	♠ 9 5 3 ♥ R 8 4 ♦ D 9 8 7 3 ♣ R 7	

EXERCICE K

♠ 6 3
♥ A 7 4 3
♦ R D 4
♣ A V 10 8
N / O E / S
♠ A 10 9
♥ V 10 8
♦ A V 10 9
♣ 9 5 2

Vulnérables : Est-Ouest.

Donneur : Ouest.

S	O	N	E
	-	1 ♣	-
2 SA*	-	3 SA...	

* Au nom des nombreuses cartes intermédiaires.

Entame : 4 de Pique.

QUESTIONS :

1°) Dénombrez les levées gagnantes.

2°) Laissez-vous passer l'entame ? Si oui, combien de fois ? (Sachez qu'Est fournira le Valet de Pique, puis continuera du 2).

3°) Quelle est la couleur exploitable ? De quelle façon précise la manierez-vous ?

REPONSES :

1°) Le nombre des plis immédiats :

- 1 à Pique
- 1 à Cœur
- 4 à Carreau
- 1 à Trèfle

7 levées sûres, il s'agit d'en affranchir 2.

2°) Vous ne redoutez aucun switch et vous abandonnerez la main au moins une fois, il est donc essentiel de couper les communications entre les adversaires (en cas de partage 5-3 des Piques) : en conséquence, vous laissez passer deux fois cette couleur en application de la Règle de 7 (7 - 5 = 2).

3°) Au troisième pli, vous êtes en main à l'As de Pique, quelle carte du mort défaussez-vous ?

Pour résoudre ce problème, vous devez avoir choisi la couleur à exploiter :

- Les Cœurs sont peu attractifs car une teneur telle que : A x x x/ V 10 x ne rapportera, en aucun cas, trois plis.

- A Trèfle, par contre, vous possédez toutes les cartes intermédiaires (jusqu'au 8) ; le Valet et le 10 accompagnant l' As, vous gagnerez trois levées dans trois cas sur quatre.

Ne confondez pas des situations se ressemblant mais qui, en vérité, sont totalement dissemblables.

Sur l'As de Pique, vous défaussez donc le 3 de Cœur et entreprenez l'affranchissement des Trèfles en recourant à une double impasse.

Comment maniez-vous cette couleur ? (De la réponse à cette question va dépendre la réussite ou l'échec du contrat).

Vous pourriez avoir tendance à partir du 9 mais, après cette impasse, vous devrez rentrer en main pour la renouveler. Si Ouest possède un Honneur quatrième, vous ne pourrez le lui capturer et les Trèfles ne vous rapporteront que deux levées.

Le maniement correct consiste donc à jouer d'abord le 2 pour le Valet et, ensuite, le 9 pour le 8 du mort afin de renouveler, sans problème, cette deuxième impasse.

	♠ 6 3 ♥ A 7 4 3 ♦ R D 4 ♣ A V 10 8	
♠ R D 7 4 ♥ R D 9 ♦ 5 2 ♣ D 7 6 3	N O E S	♠ V 8 5 2 ♥ 6 5 2 ♦ 8 7 6 3 ♣ R 4
	♠ A 10 9 ♥ V 10 8 ♦ A V 10 9 ♣ 9 5 2	

Si vous avez répondu correctement à toutes les questions, vous avez lieu d'être satisfait. Hélas, vous avez commis une erreur qui aurait pu se révéler fatale.

Revenons, si vous le voulez bien, à la deuxième question. Une application aveugle de la Règle de 7 vous a conduit à laisser passer Pique deux fois. Mais, supposons qu'un flanc très inspiré abandonne cette couleur et contre-attaque Carreau, vous manquerez alors d'une communication vitale pour l'exploitation des Trèfles.

Une lecture correcte des cartes d'entame et de retour aurait dû vous donner la certitude que les Piques étaient 4-4 et qu'un deuxième laisser-passer était parfaitement inutile.

EXERCICE L

♠ R 4
♥ R D 5 3
♦ A R V
♣ D V 7 3

N
O E
S

♠ A 9 3
♥ V 10 2
♦ D 5 4 2
♣ 10 6 4

Vulnérable : Personne.

Donneur : Sud.

S	O	N	E
-	1 ♠	x	-
1 SA	-	3 SA...	

Entame : Dame de Pique.

QUESTIONS :

1°) Quel est le total des plis certains ?

2°) Quelle couleur allez-vous affranchir ?

3°) Laissez-vous passer l'entame ? (Peut-être ce problème n'est-il pas aussi simple qu'il y paraît, si la défense est parfaite).

REPONSES :

1°) • 2 à Pique
• 4 à Carreau

6 levées assurées.

2°) Les trois plis manquants vont être aisément trouvés à Cœur, en faisant tomber l'As adverse.

3°) Vous détenez deux arrêts à Pique et envisagez de ne lâcher la main qu'une fois (à l'As de Cœur) : un laisser-passer n'est donc nullement nécessaire, peut-être même sera-t-il nocif. D'autre part, vous ne gagnerez quatre plis à Carreau qu'en débloquant d'abord l'As, le Roi et le Valet, car si la couleur est 4-2 (48 % des cas), vous ne pouvez vous permettre de surprendre le Valet de la Dame sous peine de sacrifier une levée.

Voyons, dans un premier temps, ce qui surviendrait si vous preniez l'entame du Roi de Pique (comme on a tendance à le faire dans une telle situation).

Vous débloquez les Honneurs Carreau et jouez Cœur pour le 10 qui tient, vous n'oubliez pas de tirer la Dame de Carreau et reprenez l'affranchissement des Cœurs, Ouest prend au troisième tour et continue du Valet de Pique : vous ne pouvez plus accéder au mort pour bénéficier du dernier Cœur affranchi.

Cette solution n'est visiblement pas la bonne.

Prenons maintenant en considération la ligne de jeu consistant à capturer la Dame de Pique avec l'As ; vous jouez ensuite As, Roi et Valet de Carreau, puis Cœur : Ouest ne pourra vous empêcher de rentrer en main grâce au 10 ou au Valet de Cœur (vous tirerez alors la Dame de Carreau) et vous aurez préservé le Roi de Pique pour encaisser le treizième Cœur.

Remarque : Un laisser-passer à la première levée aurait eu pour conséquence de supprimer prématurément la rentrée du Roi de Pique.

En conclusion, prenez en considération, dès l'entame, les problèmes de communication auxquels vous risquez de vous heurter.

	♠ R 4 ♥ R D 5 3 ♦ A R V ♣ D V 7 3	
♠ D V 10 8 7 ♥ A 6 4 ♦ 9 6 ♣ A R 5	N O E S	♠ 6 5 2 ♥ 9 8 7 ♦ 10 8 7 3 ♣ 9 8 2
	♠ A 9 3 ♥ V 10 2 ♦ D 5 4 2 ♣ 10 6 4	

EXERCICE M

♠ D 4 2
♥ R D 7
♦ A D 6
♣ A 10 9 3
N / O E / S
♠ R V 10
♥ A 9 8
♦ R 10 8
♣ R D 6 5

Vulnérables : Est-Ouest.

Donneur : Est.

S	O	N	E
			-
1 SA	-	4 SA*	-
5 SA**	-	6 SA***	

* 4 SA : quantitatif et non Blackwood (15-16 PH - 4-3-3-3)/
** 5 SA : 17 PH - **4**-3-3-3.
*** 6 SA : 16 PH (Nord aurait passé avec 15 PH sans plus-values).

Entame : 9 de Pique. Est prend de l'As et continue du 6.

QUESTIONS :

1°) Combien de levées font-elles défaut ?

2°) Quel est le seul danger à redouter ?

3°) Comment pouvez-vous remédier à cet écueil ?

Question subsidiaire :

4°) La technique adoptée sera-t-elle infaillible ?

REPONSES :

1°) Vous possédez deux plis à Pique, trois à Cœur, trois à Carreau et trois à Trèfle. Il manque donc une seule levée.

2°) Il n'y a qu'à Trèfle qu'on puisse établir le douzième pli ; si cette couleur est 3-2, le coup ne posera aucun problème. Par contre, dans le cas d'un partage 4-1 (28 %), il faudra "deviner" quel adversaire détient le Valet quatrième (Vous avez dû remarquer que la présence du 10 et du 9 permet d'effectuer l'impasse sur les deux flancs).

3°) Chaque fois qu'un tel dilemme se pose, une technique doit automatiquement venir à l'esprit : le compte des mains. On tire toutes les cartes maîtresses (hormis dans la couleur cruciale) en conservant l'esprit bien éveillé, car des cartes fournies (ou plus exactement non fournies) par les défenseurs surgira la réponse.

Un troisième tour de Pique montre qu'Ouest en détenait cinq au départ, puisqu'Est défausse le 2 de Carreau.

As, roi et Dame de Cœur sont encaissés : Est fournit seulement deux fois et se sépare à nouveau d'un petit Carreau.

Possédez-vous une première idée sur la composition de la main d'Ouest ?

Bien entendu, car les deux doubletons majeurs d'Est nous apprennent que son partenaire possédait, au début du coup, dix cartes majeures (Cinq Piques + cinq Cœurs). Ouest détient, par conséquent, tout au plus trois cartes mineures, nous allons connaître instantanément leur répartition exacte en tirant les plis maîtres à Carreau. Ouest fournit sur As et Roi mais sur la Dame de Carreau, il défausse le 7 de Pique.

La composition des deux mains adverses est maintenant connue. Ouest ne peut posséder qu'un seul et unique Trèfle. Appelez l'As de Trèfle au cas où il s'agirait du Valet sec ; non, c'est le 4. Présentez le 10 et laissez-le courir si Est ne couvre pas. Vous pourrez vous adjuger les trois dernières levées et le chelem sera gagné.

Nul doute que vos adversaires, quelque peu soupçonneux, reculeront chacun de dix bons centimètres... mais vous pourrez les rassurer en leur exposant de quelle façon logique vous avez procédé.

4°) Une seule situation vous laisserait dans le doute : si chacun des adversaires fournissait trois fois à Pique, Cœur et Carreau : vous ignoreriez qui, d'Est ou d'Ouest, possède éventuellement le Valet de Trèfle quatrième.

	♠ D 4 2 ♥ R D 7 ♦ A D 6 ♣ A 10 9 3	
♠ 9 8 7 5 3 ♥ V 6 5 4 2 ♦ V 3 ♣ 4	N O E S	♠ A 6 ♥ 10 3 ♦ 9 7 5 4 2 ♣ V 8 7 2
	♠ R V 10 ♥ A 9 8 ♦ R 10 8 ♣ R D 6 5	

EXERCICE N

♠ R V 2
♥ D V 10 6 3
♦ 9 5
♣ 10 7 2

N
O E
S

♠ A 9 5
♥ 9 2
♦ A R 10 4
♣ A R 6 3

Vulnérable : Personne.

Donneur : Est.

S	O	N	E
1 ♦*	-	1 ♥	-
2 SA	-	3 ♣**	-
3 SA...			

* 18 H biens faits + intermédiaires. Cette main est trop belle pour l'ouverture d'1 SA.
** Cette enchère requiert un soutien à 3♥ avec trois cartes.

Entame : 7 de Pique.

QUESTIONS :

1°) Combien de levées sont-elles acquises ?
2°) Où trouver les plis manquants ?
3°) Que concluez-vous de l'entame ?
De quelle façon tirez-vous parti de vos déductions ?
Quelle est la carte devant remporter le premier pli ?

REPONSES :

1°) • 2 à Pique, et sans doute même 3
• 2 à Carreau
• 2 à Trèfle

6 plis, 3 levées supplémentaires sont requises.

2°) Les Cœurs doivent être affranchis, mais d'ores et déjà prévoyez que les adversaires, de bons défenseurs, ne prendront pas le premier tour, soucieux qu'ils sont de couper vos communications avec le mort : vous continuerez Cœur et, ensuite, il faudra monter à deux reprises en Nord : une fois pour achever d'affranchir la longue et une autre pour encaisser les plis établis.

3°) Ouest à entamé du 7 de Pique en quatrième meilleure : la Règle de **11** donne un renseignement utile : 11 - 7 = 4. Il existe quatre cartes supérieures au 7 de Pique en Nord, Est et Sud. Or, elles sont toutes visibles : R V + A 9 ; il est aisé de conclure qu'Est ne détient aucune carte de plus haut rang que le 7 : effectivement, il fournit le 6 sur l'entame.

Souvenez-vous que deux rentrées sont indispensables pour exploiter les Cœurs.

Vous en savez suffisamment pour connaître la première carte de la main à fournir : non pas le 9 de Pique, comme un instinct d'économie bien compréhensible y incite, mais l'As. En procédant ainsi, vous rejoindrez ultérieurement deux fois le mort grâce au Valet et au Roi de Pique (en prenant la Dame en impasse) ; de la sorte, vous mènerez à bonne fin l'affranchissement des Cœurs.

	♠ R V 2 ♥ D V 10 6 3 ♦ 9 5 ♣ 10 7 2	
♠ D 10 8 7 3 ♥ 8 4 ♦ D V 7 6 ♣ 8 5	N O E S	♠ 6 4 ♥ A R 7 5 ♦ 8 3 2 ♣ D V 9 4
	♠ A 9 5 ♥ 9 2 ♦ A R 10 4 ♣ A R 6 3	

EXERCICE O

♠ 7 6 3
♥ V 10 5
♦ A D 8 6
♣ D 4 2
N O E S
♠ A R 5
♥ R 9 6
♦ R 4 2
♣ A 8 7 3

Vulnérables : Tous.

Donneur : Nord.

S	O	N	E
		-	1 ♠
1 SA	-	3 SA...	

Entame : 10 de Pique.
(Est le surprendra du Valet).

QUESTIONS :

1°) Combien de plis détenez-vous au début du coup ?
2°) L'emplacement des Honneurs manquants est-il connu ?
3°) Laissez-vous passer l'entame ?
4°) Comment procédez-vous si les Carreaux sont 4-2 en flanc ?

REPONSES :

1°) • 2 à Pique
• 3 à Carreau
• 1 à Trèfle

6 levées.

2°) Vous possédez 26 points H. As, Dame de Cœur, le Roi de Trèfle, Dame et Valet de Pique (5èmes ou 6èmes) sont chez l'ouvreur.

3°) Le laisser-passer, dont la fonction est de couper les communications entre les mains des adversaires, est absolument inefficace lorsque tous les gros Honneurs sont en possession d'un seul défenseur ; il est même néfaste, car il peut priver le déclarant d'un placement de main ultérieur.

Par conséquent, prenez immédiatement l'entame pour préserver le 5 de Pique comme carte de sortie éventuelle.

4°) Il faut affranchir deux plis à Cœur en prenant la Dame en impasse. Les Carreaux 3-3 apporteront la neuvième levée.

Au deuxième pli, vous montez au mort à la Dame de Carreau et présentez le Valet de Cœur : Est plonge de l'As et repart de la Dame de Pique : vous prenez du Roi (Ouest fournit le 4) et jouez deux fois Carreau ; malheureusement, sur l'As, Est défausse le 5 de Trèfle.

Vous continuez Cœur : la Dame apparaît et Est défausse ensuite un autre Trèfle sur votre Cœur maître.

Vous connaissez la main de l'ouvreur : cinq Piques, deux Cœurs, deux Carreaux et quatre Trèfles ; il suffit de le remettre en main à Pique, il vous offrira la neuvième levée en rejouant Trèfle sous son Roi.

	♠ 7 6 3 ♥ V 10 5 ♦ A D 8 6 ♣ D 4 2	
♠ 10 4 ♥ 8 7 4 3 2 ♦ V 10 5 3 ♣ 10 9	N O E S	♠ D V 9 8 2 ♥ A D ♦ 9 7 ♣ R V 6 5
	♠ A R 5 ♥ R 9 6 ♦ R 4 2 ♣ A 8 7 3	

EXERCICE P

♠ 6 4
♥ 8 4 2
♦ A 9 8 5 2
♣ A R D
N / O E / S
♠ A 9 5
♥ A V 5
♦ D V 10 3
♣ V 10 3

Vulnérable : Personne.

Donneur : Sud.

S	O	N	E
1 ♦	1 ♥	2 ♥*	-
2 SA	-	3 SA...	

* Trop de points pour un quelconque soutien à Carreau.

Entame : Roi de Cœur.

Réflexion préliminaire :

Ouest possède au moins cinq Cœurs par R D, Est en détient donc deux au maximum, or, ce dernier est le seul adversaire qui puisse, éventuellement, reprendre la main (grâce au Roi de Carreau).

QUESTIONS :

1°) Combien de levées comptez-vous

2°) Quelle est la couleur affranchissable ?

3°) Laissez-vous passer l'entame ? (Comment appelle-t-on cette manœuvre ?)

4°) Si vous répondez par l'affirmative, ne craignez-vous pas un switch dangereux ?

5°) Quelle solution avez-vous découverte ?

6°) Cette ligne de jeu réussira-t-elle contre une défense parfaite ?

REPONSES :

1°) Vous détenez six levées assurées : une à Pique + une à Cœur + une à Carreau + trois à Trèfle.

2°) Naturellement, on exploitera les Carreaux.

3°) Si vous prenez immédiatement l'entame et que l'impasse au Roi de Carreau échoue, le Valet de Cœur sera pris en fourchette lorsqu'Est rejouera dans la longue de son partenaire. Il faut donc laisser passer l'entame (rappelons que cette manœuvre se nomme le "COUP DE BATH ").

4°) Vous respectez le Roi de Cœur, mais qu'arrivera-t-il si vous fournissez le 5 ? Ouest ne se précipitera pas dans votre fourchette A V et il risque de contre-attaquer Pique, couleur où vous ne détenez que cinq cartes et un seul arrêt.

5°) Il s'avère indispensable à la fois de laisser passer le premier pli et d'inciter Ouest à rejouer Cœur : avez-vous découvert la solution ? Fournissez **sans hésitation** le Valet de Cœur (ceci suppose qu'on ait réfléchi avant d'appeler la première carte du mort - ce principe est d'ailleurs intangible).

De cette façon, vous masquez le 5 de Cœur et Ouest le supposera chez son partenaire. Il affranchira " triomphalement " sa longue, le deuxième tour de Cœur sera pris de l'As et vous tenterez, en toute quiétude, l'impasse au Roi de Carreau. En supposant qu'Est prenne la main, vous aurez tout loisir de vous délecter de la mine déconfite d'Ouest qui attendra, en vain, un retour Cœur...

6°) Non, car d'excellents défenseurs enregistrent et interprètent, avec le plus grand soin, les cartes de leur vis-à-vis ; si Est-Ouest jouent un pair-impair* intégral, le 7 de Cœur d'Est apprendra à son partenaire que vous détenez A V troisièmes à Cœur, et il trouvera certainement le switch gagnant.

(* Le pair-impair est un système de signalisation permettant à un défenseur d'indiquer, dans certaines situations, son nombre de cartes dans une couleur : “gros” puis “petit” marque un nombre pair de cartes et l'inverse un nombre impair.

Ainsi avec : 7 6 5, Est aurait fourni le 5).

	♠ 6 4 ♥ 8 4 2 ♦ A 9 8 5 2 ♣ A R D	
♠ R D 7 ♥ R D 10 9 3 ♦ 7 6 ♣ 8 4 2	N O E S	♠ V 10 8 3 2 ♥ 7 6 ♦ R 4 ♣ 9 7 6 5
	♠ A 9 5 ♥ A V 5 ♦ D V 10 3 ♣ V 10 3	

EXERCICE Q

♠ A 10 2
♥ A R
♦ A D V 6 4
♣ V 9 5
N / O E / S
♠ V 8 4
♥ V 7 5
♦ 3 2
♣ R D 10 8 6

Vulnérables : Est-Ouest.

Donneur : Ouest.

S	O	N	E
	-	1 ♦	-
1 SA	-	3 SA...	

Entame : 4 de Cœur.
(Est fournira le 2 : en pair-impair).

QUESTIONS :

1°) Combien de levées possédez-vous ?
2°) Grâce à quelles couleurs affranchirez-vous les plis manquants ?
3°) Dans quel ordre les jouerez-vous ?

REPONSES :

1°) • 1 à Pique
• 2 à Cœur
• 1 à Carreau

4 levées, il faut en établir la “bagatelle” de 5.

2°) Les Trèfles peuvent fournir quatre plis, mais comme vous ne possédez pas de rentrée en main, un double laisser-passer de la défense vous sera fatal.

• Les carreaux, couleur de sept cartes par x x en face de A D V x x, ne sont pas à négliger : si le Roi est second ou quatrième chez Ouest, vous affranchirez trois plis sans problème ; s'il est troisième, vous gagnerez même quatre levées en plus de l'As. (Naturellement, vous jouerez deux fois de votre main vers A D V).

• La chance de trouver une levée supplémentaire à Pique est si mince qu'elle ne doit pas être prise en considération.

3°) Vous avez dû opérer la synthèse de ces réflexions préliminaires.

• Jouez d'abord Trèfle en prenant la précaution de vous retrouver en main (le 5 pour le 8, par exemple) : comme c'était prévisible, aucun adversaire ne prend de l'As, vous tentez alors une première impasse Carreau qui réussit.

• Vous revenez chez vous au Roi de Trèfle (Est ne peut plonger de l'As sous peine de faire cadeau de deux plis) et renouvelez l'impasse au Roi de Carreau : il ne reste plus qu'à tirer l'As (Est défausse) et à rejouer cette couleur pour affranchir la neuvième levée :

Une à pique + deux à Cœur + quatre à Carreau + deux à Trèfle.

Vous avez certainement noté qu'il eût été absurde de continuer Trèfle une troisième fois, votre main étant totalement dépourvue de rentrée.

N.B. : Les Cœurs étant 5-3, cette manche ne peut être gagnée avec le Roi de Carreau en Est, car les flancs communiquent à Cœur. (Le 2 d'Est a permis de conclure à la présence de trois cartes chez ce joueur).

	♠ A 10 2	
	♥ A R	
	♦ A D V 6 4	
	♣ V 9 5	
♠ D 9 7		♠ R 6 5 3
♥ D 10 8 4 3	N	♥ 9 6 2
♦ R 10 7 5	O E	♦ 9 8
♣ 4	S	♣ A 7 3 2
	♠ V 8 4	
	♥ V 7 5	
	♦ 3 2	
	♣ R D 10 8 6	

EXERCICE R

♠ 9 3
♥ A R 6 4
♦ 9 5 3
♣ R D V 2
N O E S
♠ R V 5
♥ 5 3 2
♦ A V 4
♣ A 7 6 3

Vulnérable : Personne.

Donneur : Ouest.

S	O	N	E
	-	1 ♣	-
1 ♦*	1 ♠	-	-
3 SA...			

* Pour éviter de répondre 3 SA avec seulement trois petits Cœurs.

Entame : 7 de Pique, Est fournira la Dame.

QUESTIONS :

1°) Combien de levées acquises comptez-vous ?
2°) Laissez-vous passer la Dame de Pique d'Est ?
3°) A quel adversaire ne peut-on rendre la main ?
4°) Quelle couleur affranchissez-vous ?
5°) Quelle technique mettez-vous en application ?

REPONSES :

1°) • 1 Pique (après l'entame)
• 2 Cœurs
• 1 Carreau
• 4 Trèfles

8 plis, une seule et unique levée fait défaut.

2°) On pourrait songer à laisser passer la Dame de Pique, mais cette manœuvre ne serait efficace que si deux conditions étaient réunies :

a) La couleur d'entame est 6-2 ;

b) On est assuré de ne rendre la main qu'à Est.

Or, le partage 5-3 est trois fois plus fréquent (47 % des cas) et il suffira que le détenteur de l'As de Pique (Ouest, si nous en croyons son intervention et la Règle de ONZE) donne un coup à blanc dans sa longue pour que les deux flancs continuent à communiquer : que ce soit Ouest ou Est qui prenne la main, et la situation sera désespérée.

Il est, par conséquent, indispensable de prendre la Dame de Pique du Roi (en procédant ainsi, vous détenez encore un arrêt grâce à V 5).

3°) Est est l'adversaire dangereux car, s'il prenait la main, le Valet second serait pris en fourchette.

4°) Les Carreaux n'offrent aucune perspective, le seul espoir de réaliser neuf levées réside dans un partage 3-3 des Cœurs : il faut affranchir le 6 de Cœur.

5°) Toutefois, comme vous ne pouvez vous permettre qu'Est prenne la main, il est nécessaire qu'Ouest possède la Dame de Cœur troisième.

Pour être certain qu'il ne puisse se débarrasser de cet Honneur, vous jouerez deux fois vers As et Roi de Cœur et laisserez Ouest en main quand il fournira la Dame : vous aurez eu recours à la technique du Baiser à la Reine.

	♠ 9 3 ♥ A R 6 4 ♦ 9 5 3 ♣ R D V 2	
♠ A 10 8 7 2 ♥ D 8 7 ♦ R 7 6 ♣ 10 9	N O E S	♠ D 6 4 ♥ V 10 9 ♦ D 10 8 2 ♣ 8 5 4
	♠ R V 5 ♥ 5 3 2 ♦ A V 4 ♣ A 7 6 3	

EXERCICE S

♠ R 4 3
♥ A D V
♦ R D 7 2
♣ 8 6 5

N
O E
S

♠ A 10 8
♥ R 10 3
♦ A 10 6 4
♣ A 10 9

Vulnérables : Nord-Sud.

Donneur : Sud.

S	O	N	E
1 SA*	-	4 SA**	-
Passe***...			

* En raison des plus-values (cartes intermédiaires).
** Quantitatif.
*** Minimum.

Entame : Roi de Trèfle.

QUESTIONS :

1°) Combien de levées possédez-vous ?

2°) Quelle couleur exploitera-t-on ?

3°) Naturellement, vous laissez passer l'entame ; sur la continuation Trèfle d'Ouest, Est défausse le 2 de Cœur.

Esquichez-vous à nouveau ?

REPONSES :

1°)
- 2 plis à Pique
- 3 à Cœur
- 3 à Carreau
- 1 à Trèfle

9 plis assurés.

2°) La seule couleur qui puisse apporter la dixième levée est Carreau. Les partages 3-2 ou 4-1 avec le Valet quatrième en Est ou sec, permettront de gagner sans problème en adoptant le maniement classique : R D d'abord pour découvrir l'éventuel singleton d'Ouest et capturer le Valet d'Est grâce à la fourchette As 10.

3°) Est ne possédant plus de Trèfle, il est inutile de laisser passer une seconde fois (rappelons, pour mémoire, que cette manœuvre a pour but de couper les communications adverses). Il peut d'ailleurs s'avérer vital de conserver un petit Trèfle en vue d'un placement de main final.

Il ne coûte rien de tirer les plis maîtres en dehors des Carreaux : en procédant de la sorte, on pourra peut-être connaître les répartitions adverses grâce à un compte de mains.

• Vous encaissez As, Roi, Dame de Cœur, Ouest défausse petit Trèfle au troisième tour.

• Vous tirez As, Roi de Pique et Ouest se sépare d'un autre Trèfle au second tour.

Vous en avez suffisamment appris pour gagner sans coup férir : Est possédait six cartes à Pique, cinq à Cœur et une à Trèfle. Un singleton Carreau est donc affiché chez lui.

A ce stade du coup, il reste en Ouest quatre cartes à Carreau et deux à Trèfle : vous le remettez en main dans cette dernière couleur ; il encaisse la troisième levée de la défense (vous défaussez un petit Pique de chaque main et attendez patiemment qu'il vous fasse cadeau d'un pli à Carreau).

Imaginez, qu'en début de coup, le déclarant ait tiré R et D de Carreau : il aurait constaté qu'Ouest en détenait quatre, il aurait encaissé cinq plis majeurs, puis effectué un placement de main à Trèfle : la fourchette As 10 eût assuré les deux dernières levées ; l'essentiel était de garder le 10 de Trèfle comme carte de sortie. Naturellement, il faut, dans les deux cas, surveiller attentivement toutes les défausses d'Ouest ; un défenseur avisé sera capable de défausser un Carreau sans l'ombre d'une hésitation afin que la mise en main finale soit inopérante.

	♠ R 4 3 ♥ A D V ♦ R D 7 2 ♣ 8 6 5	
♠ 2 ♥ 6 4 ♦ V 9 8 5 ♣ R D V 7 4 3	N O E S	♠ D V 9 7 6 5 ♥ 9 8 7 5 2 ♦ 3 ♣ 2
	♠ A 10 8 ♥ R 10 3 ♦ A 10 6 4 ♣ A 10 9	

EXERCICE T

♠ 5 3 2
♥ D V 10
♦ A 9 6 4
♣ A D 8

	N	
O		E
	S	

♠ A D V
♥ A R 4
♦ R V 5 2
♣ R 10 9

Vulnérables : Nord-Sud.

Donneur : Est.

S	O	N	E
			-
2 SA	-	6 SA...	

Entame : 9 de Cœur.

QUESTIONS :

1°) Faites le compte des plis sûrs.

2°) Dans quelles couleurs établirez-vous les levées manquantes ?

3°) L'ordre dans lequel ces couleurs seront exploitées a-t-il de l'importance ? Si oui, pour quelle raison précise ?

REPONSES :

1°)
- 1 à Pique
- 3 à Cœur
- 2 à Carreau
- 3 à Trèfle

9 levées immédiates.

2°) Les trois plis seront affranchis à Carreau (couleur de huit cartes dans laquelle il manque D et 10) et à Pique en prenant le Roi en impasse.

De toute façon, vous avez besoin des deux couleurs, aucune n'est suffisante à elle seule...

3°) L'ordre dans lequel vous allez jouer Pique et Carreau n'est pas indifférent, car :

• Si l'impasse au Roi de Pique échoue, vous ne pouvez concéder un seul pli à Carreau et il faut absolument que la Dame soit sèche, seconde ou troisième en Est.

• Si, par contre, l'impasse à Pique réussit, vous n'avez besoin que d'une levée supplémentaire et vous pouvez recourir à un jeu de sécurité déjà présenté, à savoir : Roi de Carreau (le gros Honneur accompagnant le Valet), puis petit vers A 9 :

- Ouest fournit petit, vous passez le 9.
- Ouest défausse, vous prenez de l'As et rejouez vers le Valet.

Revoyons le déroulement de ce coup :

Pour tenter l'impasse au Roi de Pique, il faut partir de la main de Nord, l'entame est donc prise au mort.

Jouez Pique vers la Dame : l'impasse réussit, renouvelez-la par précaution : Trèfle pour l'As et Pique vers le Valet qui tient ; maintenant, mettez en œuvre le jeu de sécurité préconisé : effectivement, Ouest possédait D 10 8 7 à Carreau...

	♠ 5 3 2 ♥ D V 10 ♦ A 9 6 4 ♣ A D 8	
♠ 9 7 4 ♥ 9 8 7 6 ♦ D 10 8 7 ♣ 4 3	N O E S	♠ R 10 8 6 ♥ 5 3 2 ♦ 3 ♣ V 7 6 5 2
	♠ A D V ♥ A R 4 ♦ R V 5 2 ♣ R 10 9	

EXERCICE U

♠ 7
♥ D 9 2
♦ A V 10 9 8 6
♣ 5 4 3

	N	
O		E
	S	

♠ A D 3
♥ A 6 5
♦ R 4
♣ A D 10 9 2

Vulnérables : Est-Ouest.

Donneur : Ouest.

S	O	N	E
	-	-	-
1 ♣	-	1 ♦	-
2 SA	-	3 SA...	

Entame : 4 de Pique.
(Est fournit le Roi).

QUESTIONS :

1°) Combien de plis immédiats comptez-vous ?

2°) Laissez-vous passer le Roi de Pique d'Est ?

3°) Quelle(s) couleur(s) allez-vous exploiter ? De quelle façon ? Dans quel ordre ?

REPONSES :

1°)
- 2 plis à Pique (après l'entame)
- 1 à Cœur
- 2 à Carreau
- 1 à Trèfle

6 levées assurées.

2°) Toutes les contre-attaques vous agréent, aussi pouvez-vous laisser passer le Roi de Pique ; Est continue Pique.

3°) Les Carreaux, couleur de huit cartes sans la Dame, sont extrêmement attractifs et une analyse sommaire pourrait inciter à opter pour une première ligne : jouer Roi de Carreau et tenter l'impasse à la Dame sur Ouest, le contrat gagnerait avec la Dame seconde ou troisième à gauche ainsi qu'avec la Dame sèche. Mais, si elle est deuxième ou troisième en Est, ou bien quatrième (indifféremment à gauche ou à droite), vous chuterez, car vous ne pourrez accéder au mort sans rendre la main à l'adversaire.

Compte tenu du fait que vous possédez toutes les cartes intermédiaires à Carreau : V 10 9 8, il est nettement préférable de manier cette couleur d'une façon qui semble peu orthodoxe : partez non du Roi, mais du 4 et passez le Valet : si Est le prend de la Dame, il suffira ensuite de surprendre le Roi de Carreau de l'As et on se sera affranchi au total cinq plis à Carreau.

Supposons que le Valet de Carreau tienne : la Dame est en Ouest ou bien même en Est (cet adversaire, excellent défenseur, a compris à quelle manœuvre vous vous livriez et il refuse d'y contribuer : il est évident que son partenaire aurait dû plonger du Roi s'il l'avait détenu). Il faut alors abandonner les Carreaux pour affranchir les Trèfles en pratiquant une double impasse ; en effet, ceux-ci procureront quatre levées dans 75 % des cas.

Le coup se déroule donc de la façon suivante :

• 4 de Carreau pour le Valet restant maître : 3 de Trèfle pour le 10 qu'Ouest prend du Valet, Pique pour votre Dame ; vous remontez au mort en surprenant le Roi de Carreau de l'As : la Dame ne tombe pas, 4 de Trèfle pour le 9 qui remporte le pli, l'As de Trèfle fait tomber le Roi d'Est et vous avez affranchi les trois levées manquantes.

En jouant de la sorte, vous gagnez avec la Dame de Carreau sèche ou seconde et l'un des deux Honneurs Trèfle bien placé. De surcroît, avouez que seul un défenseur de grande classe serait capable, en Est, de renoncer au pli offert à Carreau.

	♠ 7 ♥ D 9 2 ♦ A V 10 9 8 6 ♣ 5 4 3	
♠ V 10 5 4 2 ♥ V 8 7 4 ♦ 7 3 ♣ V 6	N O E S	♠ R 9 8 6 ♥ R 10 3 ♦ D 5 2 ♣ R 8 7
	♠ A D 3 ♥ A 6 5 ♦ R 4 ♣ A D 10 9 2	

EXERCICE V

♠ A 9 2
♥ 9 8 4
♦ A 9 5
♣ D 10 7 6

	N	
O		E
	S	

♠ D 10
♥ R V 3
♦ D 10 2
♣ A R V 5 4

Vulnérables : Est-Ouest.

Donneur : Ouest.

S	O	N	E
	-	-	-
1 SA	-	3 SA...	

Entame : 2 de Cœur, la Dame en Est.

QUESTIONS :

1°) Quel est le total des levées ?

2°) Que vous enseigne l'entame ?

3°) Peut-on gagner cette manche contre toute défense et toute distribution ? (L'entame est une 4ème meilleure).

4°) Quelle est la condition "sine qua non" pour que cette ligne réussisse ?

REPONSES :

1°)
- 1 à Pique
- 1 à Cœur (après l'entame)
- 1 à Carreau
- 5 à Trèfle

8 plis gagnants.

2°) Ouest détient vraisemblablement quatre cartes à Cœur (entame du 2).

3°) Deux manœuvres peuvent venir à l'esprit.

Tenter l'impasse au Roi de Carreau ou mieux, la double impasse à Pique, car on y possède D 10 en face de A 9 x. Après être parti de la Dame et en supposant qu'Est l'ait prise du Roi, on rentre en main et on tente l'impasse au Valet en laissant courir le 10.

Dans 75 % des cas (R V en Ouest ou séparés), on affranchira le neuvième pli.

Il existe toutefois une meilleure ligne de jeu, l'avez-vous découverte ?

Il s'agit d'éliminer les Trèfles d'Ouest et de le remettre en main à Cœur (en partant du 9 pour bénéficier éventuellement de la chance du 10 en Est). Ouest encaissera trois plis de Cœur mais devra, ensuite, contre-attaquer Pique ou Carreau et ainsi, nous faire cadeau de la neuvième levée car nous laisserons venir cette contre-attaque vers la main.

4°) Comme il est impératif de garder deux communications à Trèfle, jouons seulement deux tours de la couleur. Dans le cas du partage 2-2, nous gagnerons sans coup férir quel que soit le placement des Honneurs manquants.

Après avoir encaissé ses trois Cœurs, Ouest contre-attaquera Pique, et le retour Carreau sera pris de l'As. La Dame de Pique débloquée, nous rejoindrons le mort à Trèfle pour encaisser l'As de Pique et il restera un Trèfle pour rentrer en main et s'adjuger le dernier.

	♠ A 9 2 ♥ 9 8 4 ♦ A 9 5 ♣ D10 7 6	
♠ 8 6 4 3 ♥ A 10 5 2 ♦ 7 6 3 ♣ 8 2	N O E S	♠ R V 7 5 ♥ D 7 6 ♦ R V 8 4 ♣ 9 3
	♠ D 10 ♥ R V 3 ♦ D 10 2 ♣ A R V 5 4	

EXERCICE W

♠ V 3
♥ 8 4 2
♦ V 7 6
♣ A R D 4 3

N
O E
S

♠ A R 2
♥ A 5
♦ A 10 3 2
♣ 8 7 6 5

Vulnérables : Nord-Sud.

Donneur : Est.

S	O	N	E
			-
1 ♦	1 ♥	2 ♣	-
2 SA	-	3 SA...	

Entame : Roi de Cœur.

QUESTIONS :

1°) Comptez les gagnantes.
2°) Laissez-vous passer l'entame ?
3°) Quel partage des Trèfles faut-il redouter ?
4°) Si la situation est défavorable, en quelle répartition des Cœurs devra-t-on espérer ?

REPONSES :

1°) • 2 à Pique
• 1 à Cœur
• 1 à Carreau
• 3 à Trèfle

7 levées.

2°) Vous ne craignez aucun retour, bien au contraire, et il ne coûte rien de laisser passer l'entame. Ouest continue de la Dame de Cœur.

3°) Peut-être, avez-vous cru à une faute d'impression lorsque vous avez lu que nous ne dénombrions que trois plis à Trèfle, car seule la répartition 4-0 semble inquiétante. Certes, elle suffirait à nous priver d'un pli, mais elle est assez peu fréquente - environ 10 % des cas - et ce n'est pas seulement ce partage qui est à redouter.

Avez-vous découvert l'objet de nos préoccupations ?

C'est le partage 3-1 qui, lui, existe dans près de 50 % des cas : il nous contraindra à tirer As, Roi et Dame de Trèfle et le quatrième Trèfle de la main bloquera irrémédiablement la couleur.

La répartition 2-2, par contre, sera extrêmement favorable. Nous encaisserons As et Roi de Trèfle, jouerons le 3 vers le 8 puis le 7 pour la Dame ? Le 4 de Trèfle assurera le gain du contrat.

3°) Deux tours de Trèfle révèlent le partage défavorable de cette couleur (3-1), car Ouest défausse le 4 de Pique au deuxième tour.

Comment continuez-vous ?

Dans ces conditions, il existe une seule planche de salut pour trouver les deux levées manquantes : jouer soi-même le 8 de Cœur pour défausser un Trèfle de la main.

Ouest encaissera deux plis supplémentaires, mais le contrat sera gagné.

4°) Dans l'éventualité des Trèfles 3-1, la répartition des Cœurs sur laquelle il faut compter, est 5-3. Un partage 6-2 ferait chuter.

	♠ V 3 ♥ 8 4 2 ♦ V 7 6 ♣ A R D 4 3	
♠ D 7 6 4 ♥ R D V 10 9 ♦ R 9 5 ♣ 10	N O E S	♠ 10 9 8 5 ♥ 7 6 3 ♦ D 8 4 ♣ V 9 2
	♠ A R 2 ♥ A 5 ♦ A 10 3 2 ♣ 8 7 6 5	

EXERCICE X

♠ D V
♥ R D V 5 4
♦ 8 7
♣ D V 3 2
N O E S
♠ A R 10 2
♥ 7 3
♦ A D 10
♣ R 6 5 4

Vulnérables : Tous.

Donneur : Sud.

S	O	N	E
1 SA	-	2 ♦	-
2 ♥	-	3 SA...	

Entame : 5 de Carreau.
(Est fournira le Valet).

QUESTIONS :

1°) Les levées immédiates sont au nombre de... ?
2°) Quelle(s) couleur(s) exploitez-vous ?
3°) Dans quel ordre les jouez-vous ? Pourquoi ?

REPONSES :

1°) • 4 à Pique
• 2 à Carreau (après l'entame)

6 plis assurés.

2°) Les levées manquantes seront affranchies :

• A Cœur (avec la couleur 3-3 ou l'As second en Ouest, on établira même quatre plis).

• A Trèfle, si la couleur est 3-2 (voire 4-1, dans le cas spécifique de l'As sec, mais il faut deviner quel adversaire le détient).

Etant donné que nous nous préoccupons, non pas des levées supplémentaires (technique normale en tournoi par paires), mais d'assurer, autant que possible, les contrats à 100 %, imaginons qu'aucune de ces circonstances favorables n'existe :

• Pas de partage 3-3 des Cœurs et As de Cœur en Est ;

• As de trèfle quatrième dans n'importe laquelle des mains.

C'est cette nécessaire opération mentale qu'il vous appartient d'effectuer au moment de la recherche de la ligne de jeu.

3°) A quel défenseur peut-on se permettre de rendre la main ? A Ouest, car on détient encore As 10 de Carreau et cet adversaire ne peut revenir dans la couleur sans faire cadeau d'une levée.

Vous ignorez qui, d'Est ou d'Ouest, possède l'As de Trèfle (les enchères n'ont rien dévoilé à ce sujet), mais vous avez le choix d'attaquer cette couleur de n'importe laquelle des deux mains, tandis qu'à Cœur, il faut jouer obligatoirement vers le mort.

La meilleure ligne de jeu se fait jour :

Dans le dessein de ne pas sacrifier un Honneur, on part d'un petit Trèfle de la main de Nord (le mort a été rejoint grâce à la Dame de Pique) ; l'alternative suivante s'impose :

a) **Est possède l'As de Trèfle quatrième** : s'il plonge de l'As pour revenir Carreau, vous avez vos neuf levées sans avoir à exploiter les Cœurs. S'il fournit petit, vous prenez du Roi et jouez Cœur :

- Est prend immédiatement : plus de problème ;
- Il laisse passer : on revient à Trèfle pour y établir le neuvième pli.

b) **Ouest possède l'As de Trèfle quatrième** : il prend le Roi de l'As mais ne peut poursuivre l'affranchissement de sa longue. Ultérieurement, vous trouverez facilement deux plis à Cœur en délogeant l'As. (Avec Dame et Valet de Trèfle, vous vous adjugerez dix levées).

Comme le diagramme de la donne en témoigne, le jeu préconisé a assuré la réussite de ce contrat semé d'embûches.

	♠ D V ♥ R D V 5 4 ♦ 8 7 ♣ D V 3 2	
Ouest ♠ 9 3 ♥ 8 2 ♦ R 9 6 5 4 ♣ A 10 9 7	N O E S	**Est** ♠ 8 7 6 5 4 ♥ A 10 9 6 ♦ V 3 2 ♣ 8
	♠ A R 10 2 ♥ 7 3 ♦ A D 10 ♣ R 6 5 4	
	Sud	

EXERCICE Y

♠ A 10 6
♥ D 4
♦ R D V 10 9 2
♣ D 5

	N	
O		E
	S	

♠ D 8
♥ A 7 6 5 3
♦ A
♣ A 6 4 3 2

Vulnérables : Tous.

Donneur : Ouest.

S	O	N	E
	-	1 ♦	-
1 ♥	-	2 ♦	-
3 ♣	-	3 ♠	-
3 SA...			

Entame : 5 de Pique.

QUESTIONS :

1°) Dénombrez les gagnantes sûres.

2°) Quelle déduction tirez-vous de l'entame ?

3°) De quelle façon comptez-vous réussir cette manche si Est fournit le Roi de Pique à la première levée ?

REPONSES :

1°) Sur toute autre entame que Pique, vous revendiqueriez sans problème neuf levées : 6 Carreaux + 3 As (vous prendriez l'entame, joueriez l'As de Carreau et remonteriez à l'As de Pique pour défiler la longue du mort).

L'entame contraint à ne compter comme acquises que cinq levées (4 As + 1 Pique), et si la défense peut jouer deux fois avant que ne soit tiré l'As de Carreau, il faudra deviner quel Roi (de Cœur ou de Trèfle) Ouest possède (si toutefois, il en détient un) afin de rejoindre le mort.

2°) Ouest a entamé du 5 de Pique ; nous avons évoqué, à maintes reprises, la Règle de 11 : 11 - 5 = 6 ; vous voyez cinq cartes de rang supérieur : Est possède donc un seul Pique plus fort que ce 5. S'il ne s'agit pas du Roi, vous gagnerez le premier pli de la Dame et le plan initial sera mis à exécution.

3°) Comble de malchance, Est fournit le Roi de Pique à la première levée. Si cette éventualité n'a pas été envisagée avec toutes ses implications et que vous jouiez mécaniquement, la chute sera inévitable : la défense continuera Pique et, comprenant que la seule chance de chute réside en un singleton Carreau et en un doubleton Pique dans votre main, elle ne touchera plus à ces couleurs.

D'après la Règle de 11, le Valet de Pique se situe en Ouest : **de ce fait, une manœuvre est possible. Laquelle ?**

Débarrassez-vous de la Dame de Pique sur le Roi. Que ce soit un défenseur ou vous qui rejouiez Pique, vous pratiquerez l'impasse au Valet, tirerez l'Honneur Pique maître et débloquerez les Carreaux en défaussant l'As : grâce à ce déblocage " en cascade " (à Pique, puis à Carreau), vous défilerez six Carreaux et gagnerez ce contrat avec une levée de mieux.

	♠ A 10 6 ♥ D 4 ♦ R D V 10 9 2 ♣ D 5	
♠ V 9 7 5 2 ♥ 10 2 ♦ 4 3 ♣ V 9 8 7	N O E S	♠ R 4 3 ♥ R V 9 8 ♦ 8 7 6 5 ♣ R 10
	♠ D 8 ♥ A 7 6 5 3 ♦ A ♣ A 6 4 3 2	

EXERCICE Z

♠ V 3 2
♥ A R
♦ R V 10 9 8 6
♣ V 10

N
O E
S

♠ R D 10
♥ V 10 9
♦ 5 4
♣ A D 9 8 7

Vulnérables : Est-Ouest.

Donneur : Ouest.

S	O	N	E
	1 ♠	2 ♦	-
2 SA	-	3 SA...	

Entame : 7 de Pique.

QUESTIONS :

1°) Dénombrez les gagnantes immédiates.

2°) Quelle(s) couleur(s) affranchissez-vous ? Comment tirez-vous parti de l'ouverture d'Ouest ?

REPONSES :

1°) • 1 à Pique (après l'entame)
• 2 à Cœur
• 1 à Trèfle

4 plis (en fait, Ouest aura tout intérêt à continuer Pique lorsqu'il reprendra la main et vous pouvez, d'ores et déjà, compter deux levées dans cette couleur).

En réalité, il manque donc quatre levées.

2°) • L'ouverture d'Ouest, dans une couleur pauvre en Honneurs, indique que cet adversaire détient la quasi-totalité des points de la défense ; il possède, vraisemblablement, le Roi de Trèfle : il est prévisible que l'impasse à ce gros Honneur échouera et que la couleur ne rapportera que trois levées (or, il en manque quatre et, entre temps, les Piques seront établis).

• Si, d'autre part, nous entreprenons l'affranchissement des Carreaux, nous savons qu'Ouest détient l'As, mais quid de la Dame ? Il peut avoir ouvert avec treize points H et, dans ce cas, la Dame de Carreau sera en possession d'Est : l'impasse échouera et comme nous perdrons de nouveau la main (à l'As de Carreau ou au Roi de Trèfle), la manche chutera irrémédiablement.

Si vous opérez la synthèse de ces éléments, la solution apparaîtra : il s'avère indispensable d'encaisser d'abord, à coup sûr, un pli à Carreau et donc de jouer petit pour le... Roi, puis d'affranchir les Trèfles en ayant recours à l'impasse au Roi ou en tirant l'As en tête.

N.B. : - Un lecteur consciencieux ne manquera pas de se poser une question : imaginons qu'Ouest plonge de l'As de Carreaux au premier tour pour affranchir ses Piques. Ne va-t-on pas chuter si, comme c'est prévisible, il possède le Roi de Trèfle ?

En principe non, car on établira les Carreaux :

- soit en capturant la Dame en impasse,
- soit en la concédant si elle est en Est.

Seule la présence de A D x x (x) à Carreau en Ouest mettrait le contrat en échec. Les Trèfles demeureraient alors notre unique et mince espoir.

	♠ V 3 2 ♥ A R ♦ R V 10 9 8 6 ♣ V 10	
♠ A 9 8 7 4 ♥ D 6 3 ♦ A 2 ♣ R 3 2	N O E S	♠ 6 5 ♥ 8 7 5 4 2 ♦ D 7 3 ♣ 6 5 4
	♠ R D 10 ♥ V 10 9 ♦ 5 4 ♣ A D 9 8 7	

UNE DERNIÈRE PRÉCISION

Tout au long de cet ouvrage, nous avons supposé que les adversaires utilisaient l'entame classique de la 4ème meilleure.

Nous tenons à vous apporter quelques éclaircissements relatifs à une autre technique de plus en plus usitée : l'entame en pair-impair.

- Avec cinq cartes (ou trois), on entame de la plus petite : R 7 6 5 3.
- Avec quatre cartes, on entame de la 3ème : R 8 6 2.

Au lieu d'appliquer la Règle de 11, on peut mettre en pratique :

- la Règle de 10 dans le cas d'une 5ème meilleure,

- la Règle de 12 dans le cas d'une 3ème meilleure.

Naturellement , les inférences devront être adaptées :

- l'entame d'une petite carte proviendra d'une couleur le plus souvent 5ème,

- celle d'une carte moyenne sera généralement issue d'une couleur 4ème.

Imprimerie CHASTRUSSE S.A.
19105 Brive-la-Gaillarde

Dépôt légal : Février 1999 - n° 7.389